W0348134

APPRENEZ
LA PEINTURE SUR SOIE

APPRENEZ
LA PEINTURE SUR SOIE

Texte original de Jane Wildgoose
Adaptation française de Béatrice Propetto Marzi

GRÜND

GARANTIE DE L'ÉDITEUR
Pour vous parvenir à son plus juste prix, cet ouvrage a fait l'objet d'un gros tirage. Malgré tous les soins apportés à sa fabrication, il est malheureusement possible qu'il comporte un défaut d'impression ou de façonnage. Dans ce cas, ce livre vous sera échangé sans frais. Veuillez à cet effet le rapporter au libraire qui vous l'a vendu ou nous écrire à l'adresse ci-dessous en nous précisant la nature du défaut constaté. Dans l'un ou l'autre cas, il sera immédiatement fait droit à votre réclamation.
Librairie Gründ : 60, rue Mazarine 75006 Paris

Adaptation française de Béatrice Propetto Marzi
Texte original de Jane Wildgoose
Secrétariat d'édition : Véronique Perot

Première édition française 1994 par Librairie Gründ, Paris
© 1994 Librairie Gründ pour l'adaptation française
ISBN : 2-7000-2168-1
Dépôt légal : septembre 1994
Édition originale 1994 par Hamlyn, une division de Reed Consumer Books Limited sous le titre original *Silk painting*
© 1994 Reed International Books Limited
Photocomposition : Compo 2000, Saint-Lô
Imprimé à China

Pour Blackjacks :
Dessins et exercices : Jane Wildgoose
Photographies : Paul Forrester et Laura Wickenden

Crédits photographiques :
p. 2-3 : avec l'aimable autorisation du Board of Trustees du Victoria and Albert Museum, Londres ; p. 10-11 © Christies Images ; p. 12-13 Palais d'été, Pékin ; p. 15 : avec l'aimable autorisation du Board of Trustees du Victoria and Albert Museum, Londres ; p. 16-17 (en bas) © John Hubbard ; p. 17 (en haut à gauche et à droite) © Agnès Chevalier ; p. 18 © Sally Greaves-Lord ; p. 19 © Rushton Aust ; p. 142-143 © Sally Greaves-Lord.

Les œuvres de Sally Greaves-Lord ont été aimablement photographiées par Tim Hill.
Les éditeurs tiennent à remercier Pongees, à Londres, qui a fourni la soie, ainsi que Sally Greaves-Lord, Agnès Chevalier, John Hubbard et Rushton Aust qui leur ont aimablement communiqué photographies et renseignements sur leur travail.
L'auteur tient spécialement à remercier Alan de la société George Weil and Son, à Londres, pour son aide et ses conseils dans le choix de la soie et des autres matériaux.

Sommaire

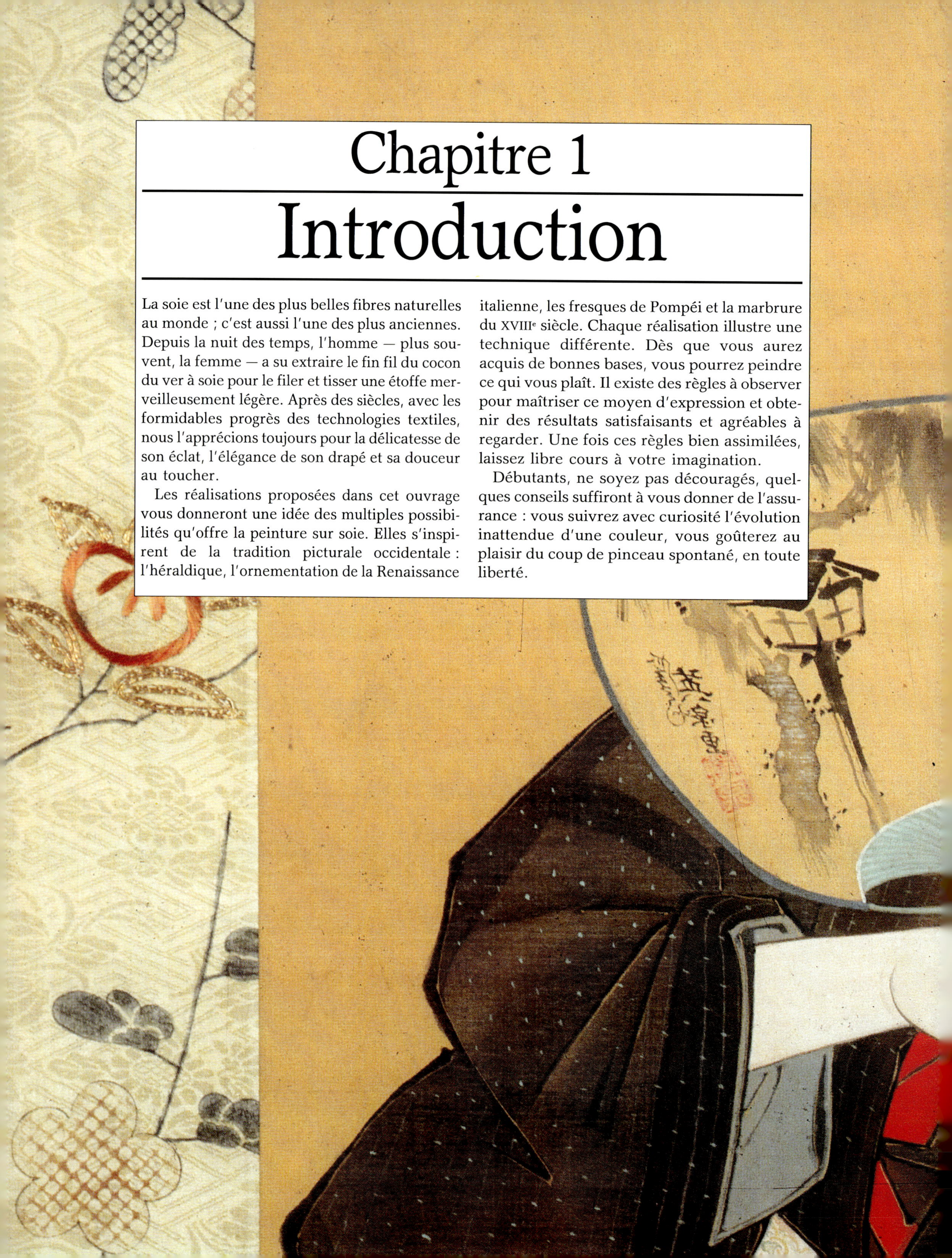

Chapitre 1

Introduction

La soie est l'une des plus belles fibres naturelles au monde ; c'est aussi l'une des plus anciennes. Depuis la nuit des temps, l'homme — plus souvent, la femme — a su extraire le fin fil du cocon du ver à soie pour le filer et tisser une étoffe merveilleusement légère. Après des siècles, avec les formidables progrès des technologies textiles, nous l'apprécions toujours pour la délicatesse de son éclat, l'élégance de son drapé et sa douceur au toucher.

Les réalisations proposées dans cet ouvrage vous donneront une idée des multiples possibilités qu'offre la peinture sur soie. Elles s'inspirent de la tradition picturale occidentale : l'héraldique, l'ornementation de la Renaissance italienne, les fresques de Pompéi et la marbrure du XVIIIe siècle. Chaque réalisation illustre une technique différente. Dès que vous aurez acquis de bonnes bases, vous pourrez peindre ce qui vous plaît. Il existe des règles à observer pour maîtriser ce moyen d'expression et obtenir des résultats satisfaisants et agréables à regarder. Une fois ces règles bien assimilées, laissez libre cours à votre imagination.

Débutants, ne soyez pas découragés, quelques conseils suffiront à vous donner de l'assurance : vous suivrez avec curiosité l'évolution inattendue d'une couleur, vous goûterez au plaisir du coup de pinceau spontané, en toute liberté.

Introduction

LES ORIGINES DE LA PEINTURE SUR SOIE

1

La découverte de la soie a précédé celle du papier d'au moins une centaine d'années. C'est en Chine que ces deux matières furent produites pour la première fois, et il n'est donc pas étonnant que les vestiges les plus anciens se trouvent dans ce pays. Des fouilles récentes en ont retrouvé trace dans la province du Hunan.

La forme la plus ancienne de tableau est le rouleau horizontal (de son nom japonais *makimono* et chinois *shoujian*), peint sur soie ou sur papier, que l'on a retrouvé en Chine et au Japon. Autrefois, en Chine, le rouleau était le support de l'écrit et on utilisait le même idéogramme (signe graphique symbolisant le sens du mot) pour exprimer à la fois « peinture » et « écriture ». On employait le même pinceau et la même encre pour ces deux activités. Le maniement du pinceau chinois exige une parfaite maîtrise de la position et des mouvements du corps, et une grande concentration. La calligraphie et la peinture chinoises se caractérisent essentiellement par le rythme et la vitalité du coup de pinceau. On pourrait en déduire, en toute logique, que la forme du rouleau découle de ces deux traditions intimement liées. Le tableau de soie chargé d'inscriptions et monté sur une baguette en bois à chaque extrémité s'enroule et se range facilement.

Le rouleau vertical (apparu probablement entre le VIIe et le IXe siècle, de son nom japonais *kakemono* et chinois *guafu*) était présenté lors de la visite d'un ami ou d'un hôte de marque, par exemple, ou pendant un temps déterminé, puis on le décrochait, l'enroulait et le mettait de côté. Sa forme se prêtait aisément à ces expositions passagères : le tableau, sur soie ou sur papier, était encadré en haut et en bas par une bande de soie, de brocart ou de papier, chacune d'elles montée sur une gorge de bois dont les extrémités s'ornaient parfois de boutons d'ivoire ou de bois précieux. La gorge de bois était plus épaisse en bas qu'en haut, pour que le rouleau reste bien tendu. Elle permettait également d'enrouler l'œuvre et de la ranger dans son précieux vase.

Il existait aussi une autre forme très recherchée de peinture sur soie : l'éventail. Le format de la feuille de l'éventail devint une source d'inspiration féconde pour les peintres. La peinture était parfois d'une telle beauté qu'on montait directement l'éventail sur un rouleau ou sur une feuille d'album.

Parmi les thèmes de ces œuvres sur soie et sur papier, dominaient la nature,

2

1 *Femmes tuant le temps dans la chaleur de l'été*, Zhou Fang (actif vers 750-804). Rouleau horizontal, 33 × 204,5 cm.

2 *Oiseaux, insectes et tortues*, Huang Quan (mort en 965). Rouleau horizontal, 40,5 × 70 cm.

3 *Couleurs d'automne sur les rivières et les monts*, Zhao Boju (actif dans la première moitié du XIIe s.). Détail d'un rouleau horizontal, 322,5 × 56 cm.

et le paysage, en particulier. En Chine, les peintres lettrés commencèrent d'abord à représenter l'eau et les montagnes par respect pour le sacré, comme source de méditation. Les études d'oiseaux, de poissons et d'insectes, ou d'autres animaux, abondent car la faune revêtait souvent une signification symbolique. L'artiste s'inspirait de thèmes religieux ou philosophiques, si bien que l'on trouve de nombreuses références au bouddhisme, à Confucius ou aux philosophes taoïstes, ainsi qu'aux sujets mythologiques. Le portrait était un genre strictement réservé à la vénération des ancêtres et au souvenir fidèle de la lignée familiale, sauf pour les scènes historiques ou religieuses importantes montrant empereurs, chefs militaires, philosophes, dieux et figures mythologiques.

3

4 *Ermitage dans les montagnes l'été*, Wang Meng (vers 1308-1485). Rouleau vertical, 148,5 × 63,5 cm.

4

Les techniques traditionnelles

De même qu'ils choisissaient leurs motifs avec précision, de même les artistes d'Extrême-Orient s'attachaient à en dégager la spiritualité et l'atmosphère par la maîtrise de l'utilisation du pinceau. Pour cela, il leur fallait méditation et concentration. Les peintres chinois apprenaient à peindre l'eau, les rochers, les nuages et autres phénomènes naturels en étudiant les œuvres des maîtres du passé. Puis, dès qu'ils avaient acquis les techniques de l'encre et du pinceau, ils partaient contempler la nature pour essayer de saisir son humeur changeante. De retour, ils se mettaient à peindre pendant que la vision gardait encore sa fraîcheur, pour mieux évoquer et décrire l'essence même du sujet, et capter le divin qui existe en toute chose. Pour parvenir à la concentration nécessaire et à la maîtrise du trait et du support, le peintre entreprenait de longues préparations. Avec des gestes lents, il travaillait les bâtons d'encre, secs et durs, pour les délayer dans l'eau.

Les bâtons d'encre étaient faits généralement de noir de fumée obtenu par combustion d'huiles végétales et de graisses animales mélangées à de la colle animale, chauffées longtemps, finement broyées et additionnées d'un savant mélange de musc et de camphre pour neutraliser l'odeur. Cette pâte était ensuite versée dans de petits moules portant des motifs en relief où on la laissait durcir lentement. Les bâtonnets d'encre, parfois décorés de laques colorées, de symboles calligraphiques ou de dorures, devenaient de meilleure qualité après une période de maturation ; ils pouvaient alors durer des années, même en servant tous les jours.

1

Pour obtenir l'encre à l'état liquide, il fallait frotter le bâtonnet avec de l'eau sur une pierre à encre (sorte de tablette en ardoise, parfois en jade, dotée d'un réservoir à une extrémité pour recueillir l'encre diluée). Cette opération lente et répétitive, qui nécessitait beaucoup de patience, permettait d'accéder au vide intérieur indispensable pour peindre. L'artiste préparait toujours de l'encre fraîche avant de se mettre au travail, en peinture comme en calligraphie, quel que soit le support.

On retrouve souvent cette encre noire dans la peinture asiatique mais elle se présente avec une telle variété de nuances et de lavis qu'il est difficile de la qualifier de « monochrome » (terme désignant généralement une œuvre exécutée dans les différents tons d'une même couleur). On ajoutait parfois à la peinture à l'encre de Chine des détails colorés provenant de pigments d'origine minérale ou végétale, réduits en poudre et mélangés à de la colle, sous forme de bâtons assez semblables aux bâtonnets d'encre.

En Extrême-Orient, cette méthode traditionnelle de peinture sur soie n'évolua guère jusqu'au XIXe siècle, époque à laquelle furent introduits des colorants dérivés de l'aniline (les premiers colorants chimiques découverts en Angleterre, en 1856, qui remplaceront peu à peu les colorants naturels) qui offrirent à l'artiste une plus grande palette de couleurs.

Un regain d'intérêt en Occident

L'apparition des colorants dérivés de l'aniline au Japon eut lieu peu après l'ouverture de ce pays sur le commerce international. En 1854, le Japon dut conclure des traités commerciaux avec l'Europe. Les œuvres d'art qu'il exportait n'avaient rien de commun avec les courants artistiques qui s'étaient développés en Occident. La sobriété et la grâce des lignes, l'utilisation de la couleur et l'évocation de l'atmosphère, l'équilibre léger des compositions, que l'on retrouvait précisément dans les planches d'impression, mais aussi dans toute la peinture japonaise, eurent une influence considérable sur les peintres occidentaux qui remettaient en cause l'académisme officiel. L'attrait pour ces traditions venues d'ailleurs devait toucher aussi bien les beaux-arts que les arts décoratifs, notamment les impressionnistes en France et l'Art nouveau.

James Abbott McNeill Whistler (1834-1903) fut particulièrement marqué par le japonisme. Il exerça une grande influence sur toute une génération de jeunes artistes. Il faut citer parmi eux, Joseph Crawhall (1861-1913) et Edwin Alexander (1870-1926), deux peintres spécialistes des oiseaux et des animaux. Charles Conder (1868-1909), peintre de genre et de paysage, réalisa de nombreuses œuvres sur soie, faisant divers essais de matières, de procédés, y compris l'aquarelle, et de formes (panneaux, éventails, motifs pour vêtements). Conder a joué un rôle important dans le regain d'intérêt pour la peinture sur soie que l'on constate aujourd'hui en Europe et en Amérique.

1 *Jeune femme à l'éventail*, Keisai Eisen.

2 *Scène à Séville*, Charles Conder (1868-1909).

2

Nous vous présentons ici les œuvres de quatre artistes du XXe siècle. Vous remarquerez l'influence considérable qu'ont exercée sur certains d'entre eux les maîtres chinois du passé.

Rushton Aust et Sally Greaves-Lord ne sont pas peintres de formation, ce sont des spécialistes de l'art textile, mais ils ont su appliquer les valeurs de la peinture à la richesse de la matière sur laquelle ils travaillent. Ils font partie de cette frange d'artistes de plus en plus nombreux qui se consacrent à la réalisation de pièces uniques : peintures à suspendre comme les rouleaux traditionnels, costumes, œuvres monumentales ou tentures murales de grande dimension pour des projets de décoration intérieure. Au lieu de créer des motifs pour les besoins de la production dans l'industrie textile, ils mêlent savoir artisanal et créativité pour réaliser des œuvres d'une grande originalité.

Le peintre de chevalet apprête et enduit sa toile pour en faire disparaître la texture ; il la tend sur un cadre pour appliquer les couleurs à l'huile, et la présenter une fois achevée. Le peintre sur soie, quant à lui, choisit délibérément de ne pas dissimuler le caractère du tissu. Au contraire, la qualité unique de cette fibre constitue la vitalité même de l'œuvre. L'artiste peut travailler directement sur la surface de la soie et cacher sa forte texture là où il veut. Il peut aussi la tendre pour peindre dessus, mais une fois terminée, la pièce suspendue retrouvera sa fluidité ; sa surface mouvante captera le jeu de la lumière, faisant ressortir la part des qualités intrinsèques de la matière dans l'effet général que produit l'œuvre. On retrouve ces techniques dans l'œuvre de John Hubbard très inspiré par la nature et d'Agnès Chevalier qui s'est spécialisée dans les créations monumentales.

John Hubbard

John Hubbard est Américain mais il s'est établi en Angleterre en 1961 après quelques séjours à Hokkaido et New York. À New York, il a été stimulé par l'expressionnisme abstrait mais l'influence la plus profonde que l'on sent chez lui vient des peintres lettrés de l'école chinoise classique du paysage. Comme le veut la tradition chinoise, il se laisse envahir par la nature (les paysages de sa région, le Dorset, qu'il aime par-dessus tout), puis il rentre à l'atelier, et là se met à peindre, en recréant ce qu'il vient de contempler. Il possède de nombreux carnets de dessins rapportés d'excursions dans le Haut Atlas au Maroc. Ses créations ont été exposées un peu partout dans le monde et figurent dans de grandes collections, dont la Tate Gallery à Londres.

Vers la fin des années quatre-vingt, il a présenté deux œuvres lors d'une exposition collective organisée par le British Council en Malaysia, à la suite de quoi la National Gallery of Art de Kuala Lumpur lui a proposé de participer à une exposition de groupe itinérante. Avant de regagner leur pays, les artistes ont été invités pendant deux semaines à créer des œuvres inspirées par leur séjour. Hubbard a choisi le batik, une technique de décoration traditionnelle malaise.

Séduit par les colorants locaux et le *tjanting* (un petit outil formé d'un manche de bambou et d'un réservoir métallique de cire chaude), tout nouveaux pour lui, il a tenté l'expérience. Le caractère de la soie (qu'il a utilisé de préfé-

rence au coton) et l'exotisme de la fabrication du batik ont fait le reste. Malgré les conditions rudimentaires, il a réalisé une série de bannières d'après des annotations et des esquisses exécutées pendant la première partie de son voyage. Elles sont maintenant pour la plupart dans des collections malaises, notamment à la National Gallery of Art de Kuala Lumpur. La création montrée ici appartient à l'artiste.

Agnès Chevalier

Diplômée de l'École des beaux-arts de Rouen et de l'Université d'arts plastiques de Paris, Agnès Chevalier s'est ensuite spécialisée dans l'art textile au Goldsmiths' College de Londres.

1

2

Elle a conçu des décors de théâtre en France et en Angleterre, des œuvres monumentales et des bas-reliefs en soie, où l'on sent l'influence de son travail pour la scène. Elle aime beaucoup la peinture de la Renaissance italienne, les préraphaélites anglais et les surréalistes européens.

Elle a choisi cette matière « parce qu'elle vibre, elle est vivante et, surtout, douce et transparente comme la peau. » Elle procède en assemblant des bouts de soie doublés de polyester qu'elle coud à la main avec une aiguille très fine et du fil invisible. Ensuite, elle peint sur le tissu avec des colorants tout en nuances ou bien elle le teint avant de coudre, selon l'effet recherché.

Elle a exposé au musée Jean Lurçat d'Angers, au musée d'Art moderne de Strasbourg, à la Anthony Dawson Fine Art Gallery à Londres, et elle participe tous les ans à l'Exposition internationale de la miniature à Toronto.

Sally Greaves-Lord

Après des études à l'Atelier d'art textile et d'impression du West Surrey College of Art and Design en Angleterre, Sally Greaves-Lord a suivi une spécialisation

3

1 *Un sourire au plus profond de l'âme*, Agnès Chevalier.

2 *Le Souffle de la tempête*, Agnès Chevalier.

3 John Hubbard, 3,66 × 0,91 cm.

en décoration sur tissu au Royal College of Art de Londres. Elle habite la région des landes du North Yorkshire et s'inspire beaucoup de ces paysages et des bords de mer. Elle ne cesse de voyager pour dessiner et peindre la nature ; en Italie, elle a trouvé un décor de rêve dans les collines de Toscane. Après quelques esquisses à l'extérieur, elle revient à l'atelier peindre directement sur la soie, en effectuant une interprétation très libre de ses dessins et peintures, sans chercher à leur être fidèle. Ses derniers travaux sont inspirés de la côte ouest de l'Irlande.

On voit nettement le rythme de la mer sur ces grandes pièces abstraites, où les coups de pinceau généreux et expressifs contrastent avec les rayures réalisées en peignant sur des bandes de papier-cache posées sur l'étoffe, avec des couleurs épaissies. Elle obtient ce rendu en travaillant beaucoup sur ce qu'elle appelle « la vie du tissu ». Sally Greaves-Lord a été directrice de la création chez Issey Miyake, le grand styliste japonais, de 1985 à 1991, et ses œuvres décoraient les vitrines d'exposition et les intérieurs de ses boutiques en Grande-Bretagne. Ses œuvres figurent dans de nombreuses collections à l'étranger, notamment dans les musées d'Art moderne de Kyoto et de Yokohama et au Victoria and Albert Museum à Londres.

Rushton Aust

Diplômé du Derby Lonsdale College, section Art textile, en Angleterre, Rushton Aust s'est ensuite spécialisé dans l'impression sur tissu. Il trouve, lui aussi, son inspiration dans la nature, dont il garde une trace dans une panoplie de petits carnets de dessins, de photographies, de notes saisies sur le vif ou d'après des observations qu'il a consignées dans son journal, qui le guident ensuite dans son travail. Mais il préfère évoquer l'esprit d'un lieu plutôt que suivre ses études à la lettre. Il collectionne un bric-à-brac de choses naturelles et d'objets divers, des épis de blé ou des vieilles pièces de voiture ; ému par « l'humilité des objets abandonnés », il pense que ces objets reflètent souvent le caractère du lieu où on les trouve. Sa conception du paysage est très large, elle n'exclue pas les affi-

1

2

3

ches publicitaires déchirées. En utilisant ces matériaux pauvres comme sujets de ses œuvres, il essaie de redonner vie à ce que l'homme a délaissé.

Dans ses créations, il travaille sur les qualités intrinsèques du tissu et produit des tons vigoureux en employant des colorants de teinture pour peindre les fonds. Il effectue ensuite des impressions par-dessus et passe des couches de couleurs à l'alizarine avec un liant, jugeant que la teinture préalable de la soie donne « une texture et une couleur mûres pour la surimpression ».

Il a reçu des commandes d'entreprises à Londres récemment, sept pièces pour le nouveau siège social anglais de Coca-Cola et une création pour les chemins de fer britanniques.

On peut voir ses œuvres aux musées d'Art moderne de Tokyo et de Kyoto, et au Stedelijk Museum d'Amsterdam.

4

5

6

1 Sally Greaves-Lord, 0,92 × 5 m.

2 Sally Greaves-Lord, 3 × 0,92 m.

3 Sally Greaves-Lord, 5 × 0,92 m.

4 Rushton Aust, 2 × 0,75 m.

5 Rushton Aust, 1,5 × 1,5 m.

6 Rushton Aust, 0,5 × 1 m.

Chapitre 2

Le matériel

La peinture sur soie, c'est la complicité de la matière, la soie, et du produit, la couleur, qui servira à la mettre en valeur. Pour ce faire, il est important de choisir le type de tissu adapté à l'effet que vous recherchez. Car le tissu réagit à l'application de la couleur : il l'absorbe, s'en imprègne, la retient. Teintures et peintures créent une profondeur et une intensité que ne rendent pas le papier ou la toile. Le lustre de l'étoffe ajoute une qualité supplémentaire puisqu'il reflète la lumière et peut véritablement faire chatoyer les couleurs. La soie blanche absorbe bien les colorants vifs et leur donne même davantage d'éclat, alors que les soies écrues, plus ou moins foncées, modifient leurs nuances de manière très subtile.

Quant aux produits, il faut les choisir eux aussi en fonction de leurs propriétés. Il existe actuellement dans le commerce une grande variété de pigments et de colorants chimiques. Utilisés à bon escient et bien fixés, ils pourront résister au lavage, au nettoyage à sec et à la lumière.

Les pigments pour textiles sont différents des pigments employés par les artistes peintres dans la mesure où ils permettent, au besoin, un entretien facile des travaux réalisés. Ils diffèrent aussi des colorants de teinture parce qu'ils sont fixés, à chaud, sur la surface du tissu.

Pour les réalisations présentées dans cet ouvrage, tous les colorants nécessaires s'appliquent *uniquement* à la soie (et à la laine), en aucun cas au coton ou à une autre matière. Vérifiez attentivement que les colorants sont bien adaptés à votre tissu.

Cet ouvrage ne s'attarde pas sur les techniques traditionnelles mais vous propose d'explorer les multiples effets que les produits actuels et les couleurs permettent d'obtenir.

Le matériel

LES SOIES

L'invention de la sériciculture est entourée de légendes. On raconte qu'un jour une princesse chinoise, prenant le thé sous un mûrier de son jardin, vit un cocon tomber dans sa tasse. Le brûlant breuvage ramollit et dénoua le cocon. Lorsque par curiosité elle tira sur un brin qui dépassait, la princesse découvrit qu'il s'agissait d'un long fil soyeux.

Voilà pour la légende, et le secret du cocon. Mais, plus précisément... À l'âge adulte, le Bombyx de la soie (*Bombyx mori*), ver à soie gourmand de feuilles de mûrier, possède des glandes séricigènes actives. Avec ce régime alimentaire très riche, les glandes sont gorgées d'une substance visqueuse que la chenille rejette en un long fil qui forme le cocon ; celui-ci lui sert d'enveloppe protectrice jusqu'au moment où il va se transformer en chrysalide. Au contact de l'air, le fil sèche et durcit. Le ver met de trois à cinq jours pour filer son cocon qui sera, selon les caractères de l'espèce, blanc, crème ou jaune.

Au bout de deux semaines, la chrysalide a des ailes et assez de force pour sor-

tir du cocon, risquant alors de briser l'enveloppe formée par le fil de soie. On tue la chenille avant qu'elle ne se transforme en chrysalide. Autrefois, on étouffait les cocons en les exposant au soleil, en les plaçant dans des fours ou des étuves. Il existe aujourd'hui une méthode plus efficace, les ondes radio de haute fréquence, qui présentent l'avantage de tuer la chenille instantanément sans endommager l'enveloppe soyeuse. Puis on dévide le fil.

Le fil de soie que secrète un cocon du *Bombyx mori* mesure en moyenne de 730 à 1 100 m. Les cocons sont plongés dans l'eau bouillante pour dissoudre la substance collante (le grès) des filaments. Chaque cocon se ramollit et le long fil se dégage et flotte dans l'eau ; on peut alors le tirer et le dévider pour passer aux étapes suivantes, la filature et, enfin, le tissage de l'étoffe, incomparable par sa beauté et sa variété.

Il existe différentes qualités de soieries (des plus fines et transparentes comme le crêpe, la gaze et le *habotai*, aux plus épaisses et rugueuses) présen-

tant chacune des propriétés particulières, et la première chose à faire est de choisir celle qui conviendra le mieux à votre projet.

Les soies des deux pages précédentes ont été filées et tissées de telle sorte qu'elles sont lisses au toucher, uniformes et d'un brillant plus ou moins intense. Les couleurs et les nuances sont légères, délicates, du blanc pur à l'écru, jusqu'au beige. Vous y reconnaîtrez le *habotai*, le taffetas et le taffetas filé.

Les soies illustrées sur cette double page comportent des boudins (des petites irrégularités existant déjà sur le fil du cocon) conservés lors du tissage de l'étoffe. Ces soies ne sont généralement pas blanchies et tendent à être plus foncées que les soies lisses. Les teintes naturelles sont à elles seules une source d'inspiration pour l'artiste. Vous reconnaîtrez la bourre de soie, avec ses fines mouchetures sombres, le tussor avec ses petites irrégularités, le doupion, plus rugueux mais lumineux tout de même, et la soie chevron, dont les raies dorées sont si caractéristiques dans les motifs

tissés. Même les soies serrées ont un éclat subtil.

Pour bien faire, il convient de laver le tissu pour le débarrasser de toutes les impuretés qui risquent d'empêcher la coloration. Avant de commencer à peindre, lavez la soie à l'eau tiède savonneuse, rincez abondamment et laissez sécher à l'air libre. Repassez la soie encore humide, sur l'envers. Si elle est tout à fait sèche, voici une méthode pour éviter les faux plis : recouvrez tout le tissu d'une feuille de papier kraft propre, posez par-dessus un bout de mousseline humide de la même dimension que le papier, repassez normalement sans utiliser la vapeur.

LES COULEURS

Il existe deux catégories de couleurs spécifiquement destinées aux textiles : les colorants de teinture et les pigments. Les pigments se présentent de deux façons : soit à mélanger avec un liant, soit prêts à l'emploi, sans préparation, à fixer à chaud au fer à repasser. Les uns et les autres ont des propriétés très différentes. Vous pouvez les utiliser seuls ou ensemble selon l'effet recherché. Si vous les employez sur la même pièce de soie, suivez bien les conseils et les méthodes de fixage pour chacun des produits.

Les colorants de teinture

Les colorants de teinture sont disponibles en poudre ou liquides. Les colorants en poudre nécessitent l'adjonction de certains produits chimiques pour être efficaces. Dans cet ouvrage, nous avons préféré utiliser des colorants liquides prêts à l'emploi. Ils sont plus pratiques pour les amateurs et leur manipulation présente moins de danger.

S'ils sont bien utilisés, les colorants de teinture produisent de belles couleurs translucides et chatoyantes, rehaussées par le lustre de la soie. Sans dilution, vous obtenez un brillant sans égal avec les autres procédés de coloration. Dilués à l'eau, ils vous donnent une infinie variété de nuances jusqu'au lavis le plus

délicat. Les colorants sont miscibles entre eux. Qu'ils soient dilués à l'eau ou pas, les colorants ont tendance à se disperser — on dit « fuser » — dans la soie. Pour éviter qu'ils ne fusent trop, vous pouvez épaissir le colorant avec un épaississant tout préparé, ou du Manutex F (voir page 43). Les colorants présentent un inconvénient : ils risquent de se décolorer et de faire des taches en attendant le fixage à la vapeur.

Quelques conseils

Pour éviter tout danger dans la manipulation des produits, nous avons préféré vous conseiller dans cet ouvrage des couleurs sans alcool ni solvant. Si vous avez le choix, il vaut mieux acheter ce type de couleurs. Mais étant donné qu'elles contiennent quand même des substances chimiques, nous vous recommandons de faire très attention quand vous les utilisez et de suivre les conseils suivants :

- Ranger les produits hors de portée des enfants, dans un placard fermé à clef ou en haut d'une étagère.

- Mettre impérativement des gants en caoutchouc pour éviter tout contact direct avec la peau. Porter un tablier ou une blouse pour protéger vos vêtements, surtout si vous réalisez un travail de grande dimension.

- Ne pas ranger les produits à côté de la nourriture. Éviter de boire, de manger ou de fumer en même temps que vous utilisez les produits.

- Même si vous avez mis des gants, vous laver les mains après utilisation.

- Suivre attentivement le mode d'emploi fourni par le fabricant.

- Réserver le petit matériel (récipients, autocuiseur, ustensiles ou autres) et les appareils ménagers *exclusivement* à votre activité de peinture sur soie ou à d'autres travaux manuels. Ne les employer en aucun cas pour faire la cuisine. Éviter qu'ils entrent en contact avec les aliments.

- Nettoyer soigneusement votre plan de travail avec des chiffons et des éponges réservés à cet usage. Essayer de travailler dans un local séparé de la cuisine, si possible, et bien aéré.

- Laisser les produits dans leur flacon d'origine, avec leur étiquette. Les conserver bien fermés. Avant d'en transférer le contenu dans un autre flacon, prendre soin d'indiquer clairement ce que contient ce flacon sur une nouvelle étiquette propre et lisible.

LES COULEURS

Les pigments

Les pigments pour tissus sont très différents des pigments qu'utilisent les artistes peintres, car ils ont été conçus uniquement pour ce support. Ils sont disponibles dans le commerce sous deux formes : mélangés avec un liant ou prêts à l'emploi sans adjonction de liant. Ils se fixent simplement au fer chaud. Ils possèdent des qualités d'opacité très variables ; ces deux types de pigments se comportent différemment sur la soie.

Les alizarines et le liant Bricoprint SF20

Ces peintures ont été mises au point à l'origine pour l'impression sur tissu en sérigraphie, ce qui explique leur onctuosité. On les trouve dans le commerce dans de petits flacons. Ceux que nous vous montrons ici sont suffisants ; en effet, les alizarines sont des couleurs très concentrées et une infime quantité vous permettra d'obtenir une couleur dense et lumineuse. Si vous avez des difficultés à vous en procurer, vous pouvez utiliser les couleurs disponibles pour les ateliers de sérigraphie qui possèdent les mêmes propriétés, ou bien vous rabattre sur les pigments prêts à l'emploi, quoique plus opaques.

Les alizarines ont été conçues pour être utilisées avec un liant spécial : une émulsion blanche qui véhicule la couleur. Ce liant ne contient aucun solvant. La couleur est mélangée au liant et employée très concentrée ou bien diluée, en fonction de la proportion de liant que vous ajouterez à la couleur. Les alizarines et le liant se fixent à chaud : cette manipulation s'effectue par simple repassage au fer chaud (thermostat coton), une fois que la couleur est sèche, généralement après cinq minutes, sur l'envers de la soie. Sinon, vous pouvez fixer des pièces de petite taille pendant cinq minutes dans un four électrique (200-215 °C) réservé à cet usage (voir encadré page 27). Il convient, au préalable, de protéger votre réalisation si la soie est très fine, en l'enveloppant délicatement, sans serrer, dans un morceau de calicot blanc. Le pigment se fixe à chaud à la surface du tissu. Il est assez opaque et tend, par conséquent, à dissimuler l'aspect de la soie. Voici, sur l'illustration, les couleurs et le liant Bricoprint SF20 dans l'assiette en tôle émaillée. Pour obtenir des couleurs pastel plus opaques, on peut mélanger les alizarines avec le liant Bricoprint Opaque White T, ou tout autre marque de blanc opaque pour la soie. En raison de son onctuosité, le liant a tendance à s'étaler difficilement sur la surface du tissu. Pour obtenir un véritable effet de teinture, vous pouvez diluer le mélange avec un peu d'eau (ou tout au plus, avec le même volume d'eau).

Les pigments prêts à l'emploi

Les pigments pour tissus prêts à l'emploi, comme ceux illustrés ci-dessus, sont très pratiques : ils se fixent facilement, soit au fer chaud soit, pour les couleurs de fabrication nouvelle, en les laissant sécher sur un fil, et ils sont moins opaques que les alizarines avec liant.

Conçus spécialement pour la peinture sur soie, ils sont disponibles dans le commerce en petits flacons. Certes, ils ne possèdent pas l'éclat des colorants de teinture, mais ils sont plus faciles à utiliser. Les couleurs sont miscibles entre elles ; on peut les employer très concentrées ou diluées à l'eau pour obtenir des tons plus nuancés. Utilisées telles quelles ou diluées, elles fusent comme l'aquarelle et se mélangent quand on peint sur la soie humide. On peut les additionner d'un épaississant prêt à l'emploi, pour peindre des motifs aux contours délimités et éviter ainsi que les couleurs ne se dispersent et fusent dans la soie. On peut aussi les utiliser après avoir passé une couche d'enduit sur le tissu (voir page 53).

Les couleurs présentées ci-dessus ne garantissent pas la même qualité de transparence que la teinture, mais elles donnent néanmoins de bons résultats. Autre avantage, elles n'ont pas besoin d'être fixées à la vapeur. D'autres pigments prêts à l'emploi sont plus opaques et peuvent remplacer les alizarines. Ils sont utiles pour obtenir des couleurs pastel crayeuses et mélanger les couleurs au blanc opaque.

LES SUPPORTS

La soie doit être parfaitement tendue lors de l'application de la couleur. Vous devrez de temps en temps retirer la pièce de son support afin de procéder au fixage, mais il faudra de nouveau bien la tendre avant de recommencer à peindre.

Il existe deux types de supports pour tendre le tissu : un cadre en bois, ou une surface plane légèrement rembourrée — planche ou plan de travail — selon la dimension de la soie à peindre.

Les cadres

Les cadres conviennent bien pour tendre la soie quand on doit peindre les fonds. Ils permettent à l'air de circuler librement, ce qui facilite le séchage du tissu. Ils peuvent être réglés aux dimensions de la soie. Mais ils ont tendance à bouger, ce qui n'est pas pratique pour peindre les détails (à moins de poser le cadre sur un chevalet), étant donné que la soie se distend parfois elle aussi lors de l'application de la couleur. Pour les dessins délicats, il est donc préférable de poser la soie sur une table ou une planche rembourrées. On trouve des cadres déjà prêts dans les magasins spécialisés, mais ils sont très simples à réaliser par soi-même avec quelques rudiments de menuiserie.

Les cadres réglables les plus courants sont les cadres en bois traditionnels pour le batik, très simples, formés de quatre baguettes à encoches et les cadres à coulisse dont les montants sont maintenus par des vis. La soie est fixée sur le cadre avec des épingles de type Papic ou des punaises d'architecte à trois pointes. Il est préférable de régler le cadre avec 5 centimètres de marge tout autour du décor à peindre et de couper le tissu avec cette même marge supplémentaire, pour que les punaises n'endommagent pas la partie à peindre. Il vaut mieux couvrir le cadre en bois de ruban adhésif (de type PVC pour emballage) pour le protéger des éventuelles projections de peinture qui risqueraient de tacher le bois et également les pièces de soie ultérieures.

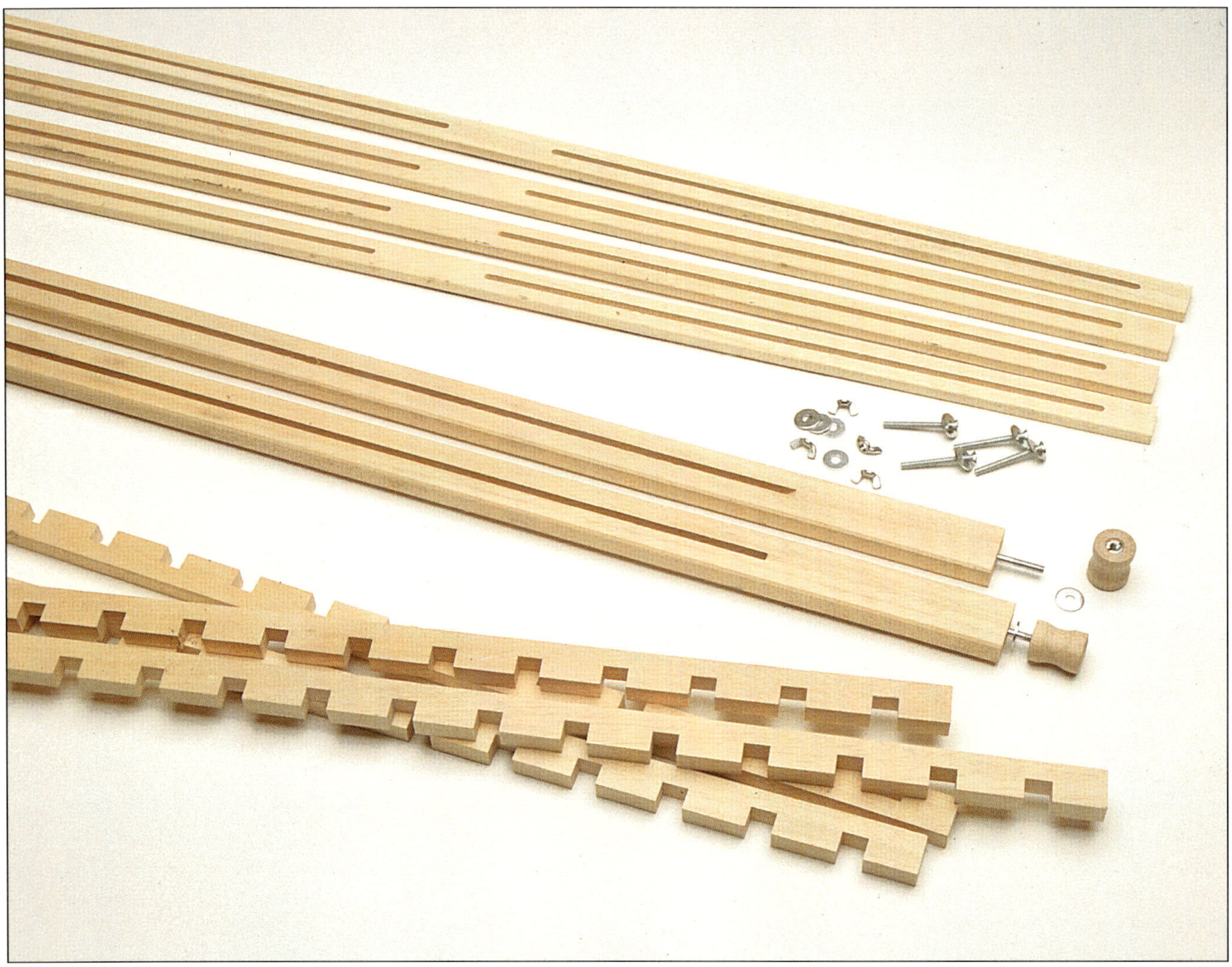

1

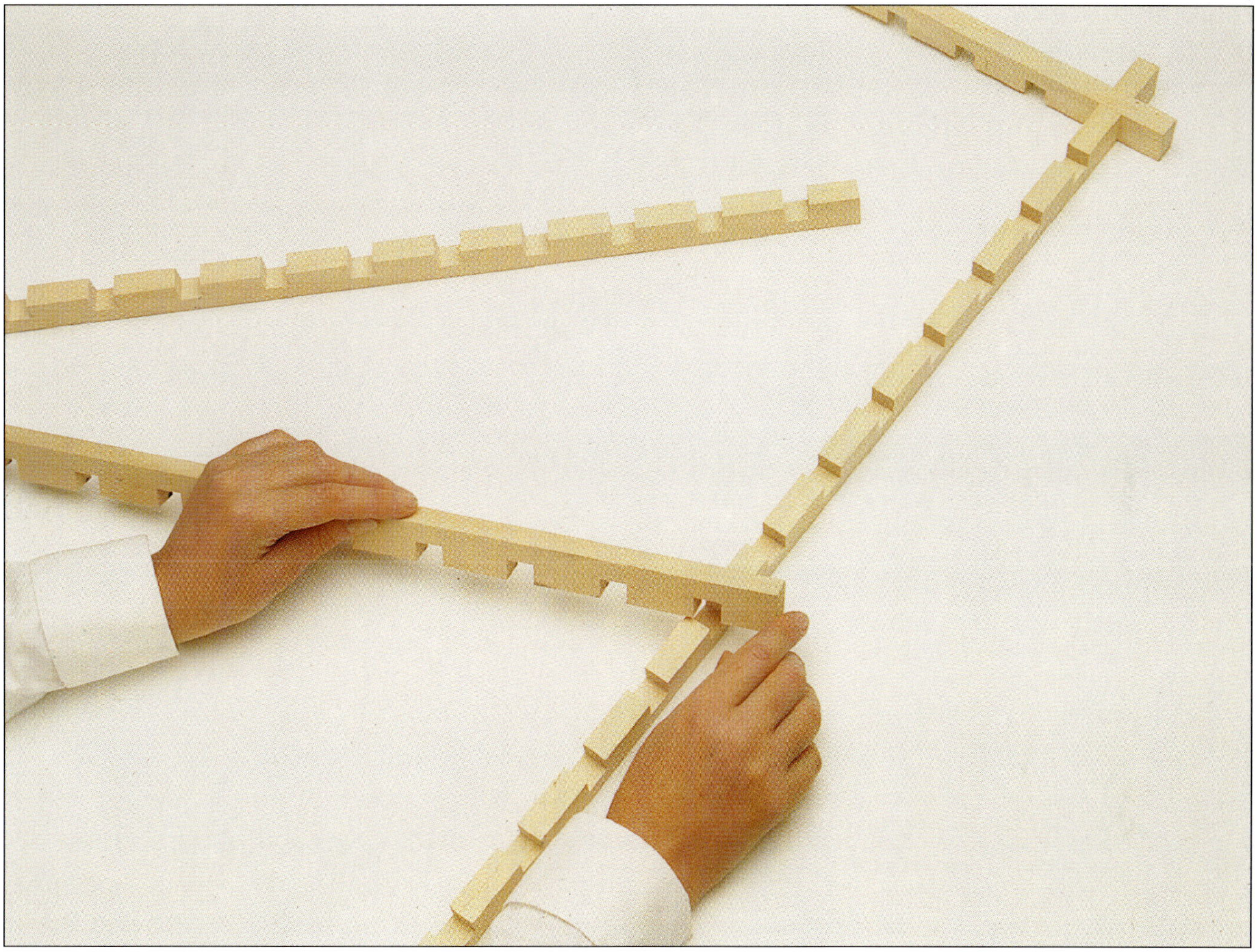

2

Le cadre traditionnel pour le batik (1) : poser les baguettes sur une surface plane ; les emboîter les unes dans les autres en formant un rectangle. Prévoir de chaque côté 5 centimètres de plus que la dimension du tissu à peindre.

Le cadre à coulisse (2) : poser les quatre montants sur une surface plane ; former un rectangle, en prévoyant de chaque côté 5 centimètres de plus que la dimension du tissu à peindre. Insérer les vis aux angles du cadre ; bien serrer pour que l'ensemble soit rigide.

La planche rembourrée

Afin de disposer d'un plan de travail bien adapté, il vaut mieux prendre la peine de fabriquer un plateau de table ou une planche rembourrée. Si vous peignez les détails avec des pigments (qui, comme nous l'avons vu, seront fixés sur la soie au fer chaud), il vous suffit de poser un molleton ou une vieille couverture sur une planche pour empêcher la couleur de passer au travers et de tacher le bois. Au besoin, on peut enlever les taches au fer à repasser après avoir ôté la soie et avant d'utiliser de nouveau la planche. Sachez que la pièce de soie suivante, une fois humide, risque d'absorber toute trace de colorant ou de pigment restant sur la planche ou la couverture. C'est la raison pour laquelle il vaut mieux fabriquer une planche légèrement rembourrée, protégée par une feuille en plastique et du calicot blanc. Vous pourrez tendre la soie sur ce plan de travail pour faire les fonds en prévoyant un temps de séchage plus long.

1 Choisir une planche d'environ 5 centimètres de plus que la dimension de la soie sur laquelle vous allez travailler. La disposer sur une pièce de feutre, une vieille couverture ou de la ouate synthétique pour en tracer le contour. Découper en laissant un bord supplémentaire suffisant qui sera rabattu ensuite au dos de la planche.

2 Poser la planche sur le feutre du côté où vous avez tracé le contour. En commençant par la longueur, fixer le feutre à la planche avec une grosse agrafeuse. Mettre une agrafe tous les 4 centimètres environ.

Puis recommencer sur la longueur opposée, après avoir bien tendu le feutre pour éviter les faux plis sur ce support où vous allez peindre la soie.

3 Agrafer sur les deux largeurs, puis couper le feutre qui dépasse dans les angles avec des ciseaux à bouts pointus.

1

2

3

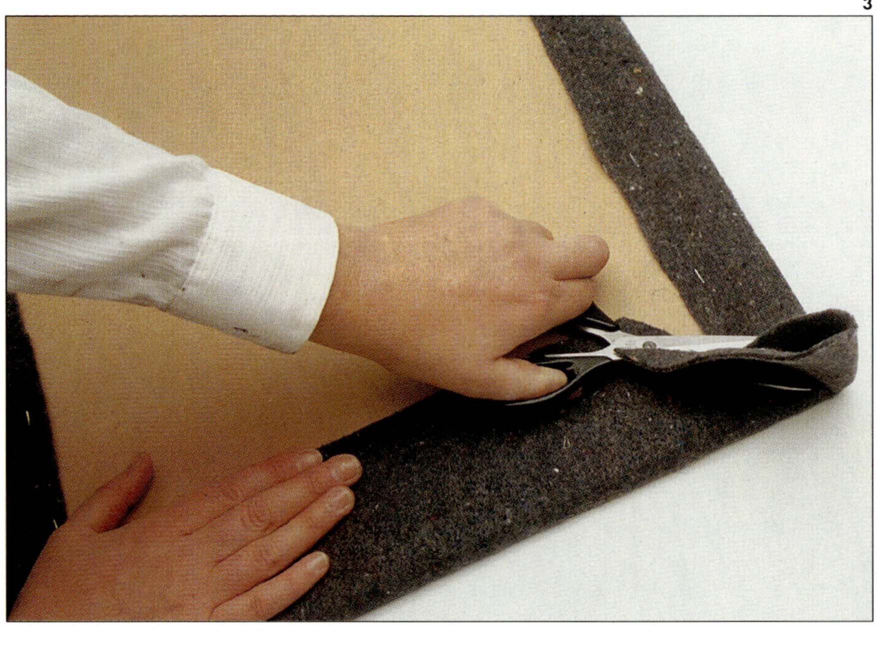

4

5

6

4 Poser la planche sur une feuille en plastique un peu plus grande que le feutre et répéter les opérations précédentes en agrafant cette fois le plastique sur le bois. N'oubliez pas d'agrafer le pli dans les coins.

5 Répéter toutes ces opérations avec le morceau de calicot blanc. Retourner la planche, votre plan de travail est prêt. Si, au moment de retirer la pièce de soie peinte, vous vous apercevez qu'il y a des taches de peinture sur le calicot, vous pourrez le retirer pour le laver à l'eau savonneuse très chaude. Une fois bien rincé, séché et repassé, vous pourrez l'utiliser à nouveau. En cas de taches sur le plastique, passer une éponge ou un chiffon humide et bien sécher avant de remettre en place le calicot propre.

6 Pour tendre la soie sur ce support : poser la soie fraîchement repassée bien à plat sur la planche rembourrée en vous assurant que la surface est propre et nette. Disposer la soie en commençant par la longueur parallèlement à la longueur de la planche et la fixer uniformément avec du ruban de masquage, sans laisser de trous. S'assurer que la soie est bien tendue de ce côté. Appuyer fermement sur le ruban de masquage. Tirer la soie du côté opposé, sur l'autre longueur, en partant du milieu pour aller vers les bords, en la maintenant au fur et à mesure avec du ruban de masquage. La tendre ensuite sur les deux côtés de la largeur et la maintenir de la même façon ; lisser et tirer délicatement le dernier coin pour enlever les faux plis. Vous pouvez alors commencer à peindre.

LES PINCEAUX

Tous les pinceaux sont adaptés à la peinture sur soie, tout dépend des traits que vous voulez obtenir. Dès que vous aurez acquis un peu d'expérience, vous saurez quel pinceau et quel matériel choisir en fonction de l'effet recherché (voir page 44).

N'achetez pas des pinceaux trop coûteux comme ceux qu'utilisent les artistes peintres, car l'application des couleurs sur les tissus (surtout les alizarines avec liant) exige un entretien laborieux des pinceaux, ce qui les use très vite. Les colorants de teinture, eux aussi, qui sont très concentrés, s'éliminent difficilement sous l'eau. Veillez à bien laver les soies des pinceaux en évitant de laisser des traces de couleur. Mêmes sèches, celles-ci pourraient se mélanger à la couleur que vous allez employer ensuite. Nous vous recommandons, ci-après, un assortiment de pinceaux pour débuter.

Les pinceaux ronds et soyeux
Ils sont souples et se prêtent bien aux traits fins et aux lignes ondulées qui exigent beaucoup de maîtrise, surtout pour les détails minutieux. Il vous faudra différentes tailles : un n° 0 ou 00, un n° 2 ou 3, un n° 6 ou 8, un n° 12.

Les pinceaux plats et soyeux
On en trouve dans le commerce avec des soies très fines et un manche plat en bois, ou avec des soies plus dures mais pas autant que celles des brosses. Ces derniers sont plus faciles à maîtriser et utiles pour les lignes fluides, tandis que les premiers, en grande largeur, sont plus adaptés pour les fonds : ils existent en 1,5, 2,5 et 6 centimètres.

Les brosses plates et dures
Les soies dures de ces brosses ont tendance à s'écarter lors de l'application de la couleur en produisant des stries caractéristiques sur le tissu.

La brosse grande largeur
Idéale en décoration (existe en 10 centimètres), elle est très pratique pour les fonds, en particulier si vous souhaitez mélanger des couleurs sur de grandes surfaces ou mettre en valeur les traces des coups de pinceaux.

La brosse à bruiner
De taille moyenne, elle servira pour les pochoirs, et les effets et dessins à main levée (voir aussi page 55).

Le petit matériel
Ce petit matériel vous sera très utile au cours de votre travail.

Pour commencer : une paire de gants en caoutchouc (voir l'encadré page 27). Vous aurez besoin également d'un tablier ou d'une blouse, selon la taille du tissu à décorer, que vous réserverez à cet usage.

Le papier aluminium et le film transparent serviront à couvrir les palettes et les assiettes, quand vous devez travailler assez longtemps, pour éviter que les couleurs ne sèchent.

Toujours à portée de main, le rouleau de papier essuie-tout vous sera bien utile pour absorber les éventuelles bavures de couleur sur la soie ou essuyer toutes sortes de maladresses. Tous les produits pour textiles sont très concentrés et tachent intensément tous les supports. Il est préférable de couvrir votre plan de travail et le sol avec du plastique.

Pour la même raison, il vaut mieux acheter une palette en porcelaine, malgré son prix élevé, plutôt qu'une palette en plastique sur laquelle la couleur laisse des taches.

Les assiettes en tôle émaillée bon marché sont pratiques pour peindre les grandes surfaces comme les fonds ; elles n'absorbent pas les traces de peinture et sont assez larges pour les grands pinceaux plats. Et elles vous serviront de palette, si nécessaire, pour mélanger les couleurs en cours de travail.

Le ruban de masquage (ou papier-cache) est facile à utiliser pour les finitions ou pour réaliser des motifs géométriques ou des rayures.

Pour mesurer les proportions et effectuer des mélanges de grandes quantités de couleurs, surtout les alizarines avec liant, vous aurez besoin de cuillères. Choisir de préférence des cuillères en acier inoxydable. Comme pour les autres ustensiles, ne jamais les réutiliser pour la cuisine.

Si vous employez un autocuiseur pour effectuer le fixage de la couleur à la vapeur ou un four électrique ménager pour fixer les alizarines, réserver ce matériel *exclusivement* à cette activité. Ne jamais s'en servir pour y faire cuire des aliments.

Chapitre 3

Les techniques

La peinture sur soie se pratique avec une infinité de techniques. Et chacune d'entre elles produit un effet particulier sur la texture d'une étoffe. Les couleurs avec leurs propriétés respectives (colorants de teinture, pigments prêts à l'emploi et alizarines avec liant) produisent une grande variété d'effets ; et, de surcroît, les mêmes méthodes et les mêmes couleurs créeront des effets différents selon la qualité de soie employée. Le *habotai*, par exemple, est une soie très fine, lisse et lumineuse. Elle s'imprègne très vite de colorant ; son lustre donne de l'éclat et de l'intensité à la teinture. Sa texture égale permet de tracer de délicats dessins continus au pinceau ou au feutre. Le doupion, au contraire, possède une trame grossière parsemée de boudins qui ne permettent pas une même souplesse dans le dessin et l'application de la peinture. Il est plus épais et absorbe davantage de couleur ; un colorant non épaissi ne se dispersera pas de façon identique dans cette soie.

Dans ce chapitre, les essais effectués sur *habotai* et sur doupion montrent clairement que la texture du tissu modifie aussi le tracé du pinceau. La démonstration des autres techniques est effectuée sur taffetas. La soie autorise toutes les audaces. Il vous faudra seulement un peu de temps pour vous habituer aux réactions du tissu et découvrir les limites, comme les infinies possibilités, de ce moyen d'expression.

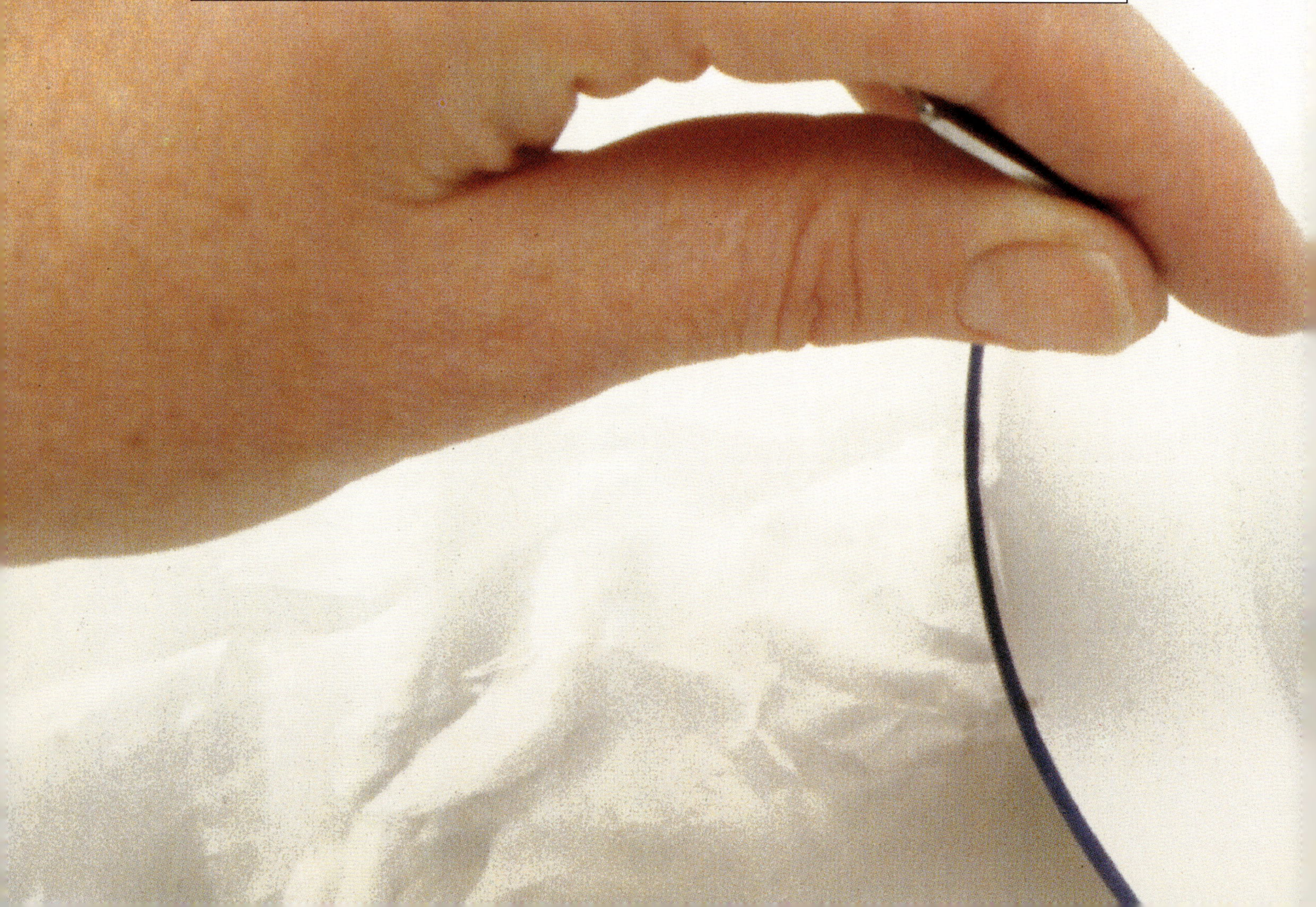

Les techniques

LES ESSAIS DE COULEUR

Les magasins spécialisés offrent un assortiment incroyable de teintes pour les colorants et les pigments. Vous serez très tenté. Mais méfiez-vous de la facture !

Avec quelques notions élémentaires sur la théorie des couleurs, vous pourrez effectuer tous les mélanges nécessaires avec une gamme réduite de teintes. Il suffit d'acheter les trois couleurs primaires, le bleu, le rouge et le jaune. Elles doivent être aussi « pures » que possible. En d'autres termes, chacune doit être exempte de toute autre couleur. Le jaune ne doit pas paraître trop orange ou trop vert ; le bleu, trop violet ou trop vert ; le rouge, trop orange ou trop violet.

Outre ces trois couleurs primaires, vous aurez besoin du rouge magenta, du bleu turquoise, du brun et du noir. Le blanc est disponible en pigment et peut produire des effets très différents sur votre ouvrage, une fois mélangé, selon qu'il est opaque ou transparent.

Dans les colorants de teinture, le blanc n'existe pas. Les tons clairs sont obtenus en diluant les couleurs à l'eau (vous obtiendrez des nuances très subtiles). Dès que vous aurez acquis vos couleurs de base, colorants ou pigments, nous vous conseillons de faire des essais de coloration sur des bandes

de soie témoins en suivant toujours les mêmes valeurs, par exemple, « concentré », « dilué », « mélangé avec » et ainsi de suite. À côté de chaque couleur, vous pourrez noter au stylo indélébile la quantité utilisée. Ensuite, vous devrez fixer les essais de couleur de façon appropriée, laver les bandes de soie et les repasser. Puisque la couleur peut changer légèrement lors du fixage et du lavage, il est indispensable de procéder ainsi pour savoir exactement quelle couleur vous obtiendrez à la fin. Effectuez vos essais sur des bouts de soie, semblables aux échantillons ci-dessous ; vous pourrez les conserver dans un cahier où vous noterez également la marque du colorant ou du pigment, le nom de la couleur utilisée, ainsi que d'autres informations (le genre de pinceau employé, si la soie a été lavée ou non avant la coloration, etc.) qui se révèleront très utiles pour vos futures réalisations. Même si les mélanges ne donnent pas les résultats escomptés, il se peut qu'ils vous inspirent à l'avenir. Au fur et à mesure de vos travaux, ce cahier pourra rassembler tous les essais préliminaires effectués. Vous ne regretterez pas le temps passé à réaliser cet aide-mémoire efficace.

LE MÉLANGE DES COULEURS

Il ne s'agit pas dans cet ouvrage de vous enseigner la théorie des couleurs, mais de vous en exposer quelques principes de base.

Couleurs primaires		*Couleurs secondaires*
jaune + rouge	=	orange
jaune + bleu	=	vert
rouge + bleu	=	violet

En schématisant, si vous mélangez deux couleurs primaires, la couleur primaire restante sera la couleur complémentaire de la couleur secondaire que vous avez obtenue : jaune + rouge = orange, qui est la couleur complémentaire du bleu ; jaune + bleu = vert, qui est la couleur complémentaire du rouge ; rouge + bleu = violet, qui est la couleur complémentaire du jaune.

Les couleurs complémentaires sont celles qui se trouvent diamétralement opposées sur le cercle chromatique et qui, mélangées ensemble, donnent un gris presque noir. Connaître cette classification peut vous aider.

Des couleurs complémentaires placées l'une à côté de l'autre créent un effet particulier et donnent l'impression de vibrer. Des couleurs complémentaires mélangées ensemble s'annulent mutuellement en produisant une couleur neutre.

On peut atténuer ou assombrir certaines couleurs vives, pour obtenir un effet plus ou moins neutre selon les proportions, sans avoir forcément recours au noir.

L'ocre s'obtient à partir du jaune vif mélangé avec un peu de violet (sa complémentaire). Le rouge vif donne du brun en y ajoutant du vert : selon la quantité de vert, le rouge sera moins vif, puis évoluera vers le marron. Vous pouvez obtenir une grande variété de couleurs et de nuances en utilisant uniquement les couleurs primaires qui produiront les nuances suivantes : vert citron, vert bouteille, orange, brique, mauve, rouge-violet, ocre, gris, brun.

Faites vos essais sur des bandes de soies différentes afin de mieux vous rendre compte dans quelle mesure la couleur de la soie modifie la couleur que vous avez appliquée.

Comment obtenir du gris à partir des couleurs primaires des pigments prêts à l'emploi

Nous avons utilisé ici les pigments Javana, rouge cerise (8194), bleu outremer (9195) et jaune d'or intense (8122), mais vous trouverez des couleurs similaires dans les nuanciers d'autres marques disponibles chez votre fournisseur. Ces couleurs s'approchent le plus des couleurs pures. Ce gris est employé dans la réalisation du panneau décoratif noir pompéien (voir page 106). Pour cet exercice, il suffit de mélanger de très petites quantités de couleur dans l'assiette qui vous sert de palette en utilisant de petits flacons. Commencer par le bleu et ajouter un peu de rouge. Bien mélanger (1). Vous allez obtenir du violet, la couleur secondaire des deux primaires.

1

Puis ajouter une touche de jaune (2), la complémentaire du violet que vous venez d'obtenir. Le violet va foncer et devenir plus neutre. Bien mélanger. Si la couleur semble trop verte, ajouter un peu plus de rouge (3) pour neutraliser. Bien mélanger.

La couleur finale (4) sera gris-vert. Elle n'aura pas l'intensité d'un noir que l'on trouve dans le commerce, mais les gris obtenus par mélange ont quelque chose en plus ; on dit qu'ils ont du « corps », selon qu'ils contiennent du rouge, du bleu ou du vert. Ces gris pourront être employés pour compléter les couleurs de votre réalisation ou avec un noir du commerce. (Se reporter au panneau décoratif noir pompéien, page 106, où ce gris est utilisé pour donner de la profondeur à un noir acheté tout prêt).

2

3

4

LE MÉLANGE DES COULEURS

Comment obtenir du noir à partir des alizarines avec le liant Bricoprint SF20

Les couleurs à l'alizarine ne s'utilisent jamais seules. Elles doivent être mélangées avec un liant (ici, le Bricoprint SF20) ou avec du blanc opaque. C'est ainsi que l'on emploie toutes les alizarines ou tous les mélanges de couleurs et de liants. (Le noir obtenu dans cet essai est suffisant pour un fond ; là encore, n'utiliser que très peu de couleur dans la palette.) Verser un peu de liant Bricoprint SF20 dans la palette. Ajouter une petite quantité de noir alizarine Black TT (1) ou d'autres couleurs de votre choix. Attention, comme les couleurs sont très concentrées, n'en verser que très peu à la fois pour éviter la saturation du mélange. Bien mélanger (2) pour qu'il ne reste plus de trace de liant blanc. Le noir très intense (3) peut s'obtenir avec de l'alizarine et du liant. Et le gris, avec une moindre proportion de noir alizarine dans le mélange avec le liant, ou par mélange des couleurs primaires avec le liant à la place du noir. On peut avoir un gris pastel crayeux en mélangeant le noir alizarine Black TT avec du blanc opaque Bricoprint Opaque White T à la place du liant.

1

2

3

Comment mélanger les colorants

Les colorants de teinture sont miscibles entre eux ; ils peuvent être dilués à l'eau dans une palette, si vous avez besoin de très peu de peinture, ou dans une assiette, si vous devez couvrir de grandes surfaces. Nous vous conseillons d'utiliser un compte-gouttes pour doser précisément le colorant. Essayez de mélanger les couleurs primaires pour faire du gris, vous observerez la différence avec le gris que vous avez obtenu avec le pigment.

Comment mélanger le colorant au Manutex F

Un colorant de teinture n'est pas aussi consistant qu'une alizarine avec liant. Il faut donc l'épaissir si vous voulez qu'il ne se disperse dans la soie, et maîtriser le dessin au pinceau. Vous pouvez utiliser un épaississant tout préparé qu'il faudra incorporer au colorant avec une mesure d'épaississant pour quatre mesures de colorant, ou bien acheter du Manutex. Avec un épaississant prêt à l'emploi, il faut mélanger énergiquement le produit et le colorant. Pendant un certain temps, aucune réaction ne se produit puis soudain, le colorant va « prendre ».

Le Manutex est un gélifiant sous forme de poudre. Il est facile à mélanger et vous pourrez le conserver dans un bocal hermétique pendant plusieurs jours ou quelques semaines selon les conditions. Il vaut mieux commencer par mélanger de petites quantités pour vérifier son état de conservation (au bout d'un certain temps, il risque de moisir). Le Manutex F est employé ici avec des colorants Dupont, conseillés pour vos réalisations. Mettre une à deux cuillerées de Manutex F dans 250 millilitres d'eau (1), comme si vous prépariez de la colle à papier peint. Mélanger énergiquement (2) pour faire disparaître les grumeaux. Pour alléger le mélange, rajouter de l'eau ; pour l'épaissir, au besoin, rajouter du Manutex. Incorporer énergiquement ce mélange au colorant (3) jusqu'à obtention de la consistance désirée.

1

2

3

LES TRAITS DE PEINTURE

Toutes les illustrations d'application de la peinture, que nous allons voir maintenant, sont effectuées conjointement sur des morceaux de *habotai* et de doupion, pour vous montrer comment ces deux qualités de soie réagissent aux différentes techniques. Vous pouvez utiliser pratiquement tous les pinceaux et outils servant habituellement à appliquer la peinture sur le papier ou la toile, mais soyez patient. Il faut du temps pour comprendre la soie et ses réactions. Observons le comportement des produits sur les textures.

1

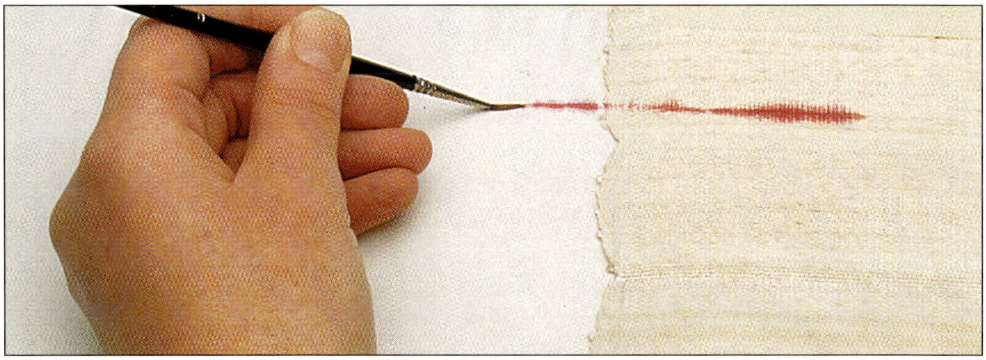

1 Colorant non épaissi avec un pinceau n° 0. Comme le colorant est très fluide, il fuse dès son application sur la soie, plus rapidement sur le *habotai*, fin, que sur le doupion, plus épais.

2

2 Alizarine et liant avec le même pinceau fin. Le mélange est très pâteux et ne pénètre pas dans le tissu. Le trait de peinture est mieux maîtrisé qu'avec le colorant non épaissi.

3

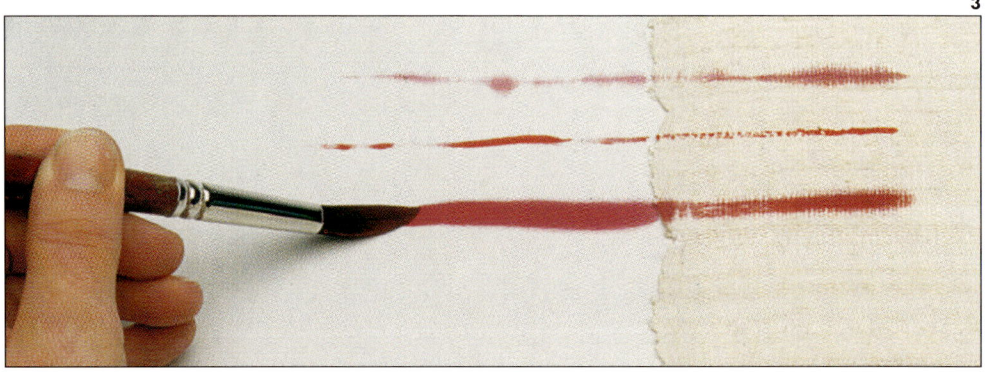

3 Colorant sans épaississant avec un pinceau à soies douces n° 12. Étant donné que le pinceau contient beaucoup de couleur, celle-ci est très vite absorbée dès que le pinceau touche le tissu, surtout le *habotai*. Ce type de trait identique au lavis peut être utilisé pour les effets d'aquarelle.

4

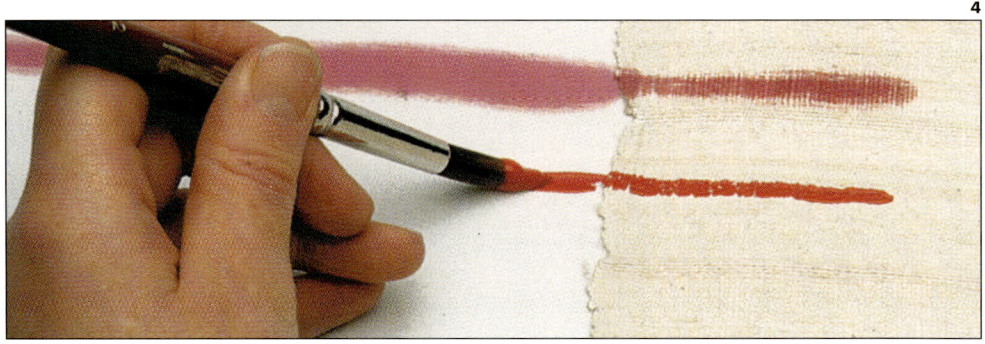

4 Alizarine et liant avec le même pinceau n° 12. À l'inverse, voici des traits épais que l'on peut bien maîtriser.

5

5 Colorant sans épaississant et pinceau plat (1,5 centimètre) forment une ligne continue, lisse, légèrement fusante.

6

6 Le même pinceau avec de l'alizarine et du liant forme une ligne plus grossière et irrégulière.

1
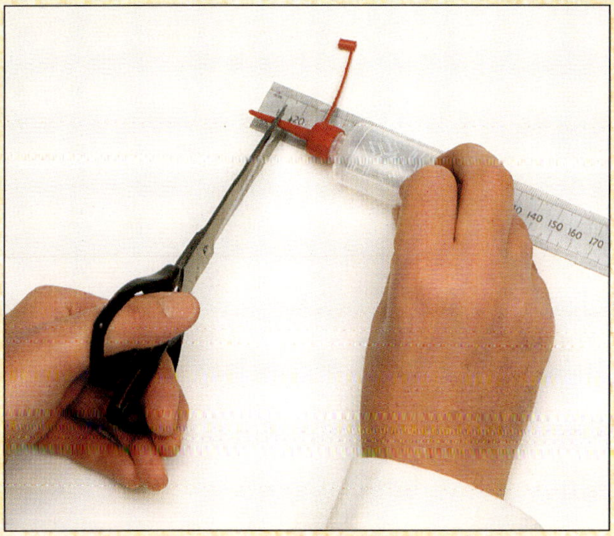

2
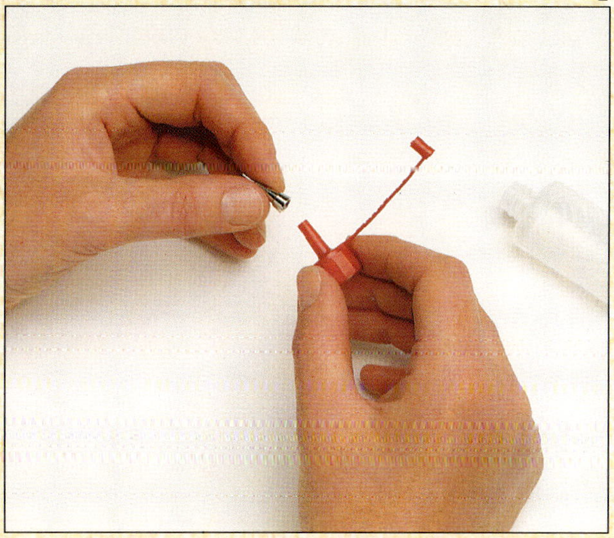

La pipette

Ce petit flacon en plastique sert à appliquer le colorant épaissi ou la gutta. Propre, d'un emploi facile, il est pratique pour tracer des lignes. Couper l'embout du bouchon en plastique sur 15 millimètres avec des ciseaux à bouts pointus (1). Mettre un embout en métal à l'extrémité du bouchon. Remplir les deux tiers de la pipette avec le produit. S'assurer que le fil à sertir est bien inséré dans le produit. Serrer l'embout de métal sur le bouchon de la pipette (2). L'outil est prêt.

LES TRAITS DE PEINTURE

7 Dans le commerce, on trouve cette sorte de pinceau en mousse, en petite et en grande tailles, qui peut être utilisé à plat (a) ou sur la tranche (b) pour varier les traits. Très absorbant, il est bien adapté au travail sur la soie.

8 Si vous recherchez l'originalité, voici d'autres ustensiles moins courants parfois utiles pour appliquer la couleur : une raclette en plastique (a et b), pour appliquer le pigment doré prêt à l'emploi (voir page 118), ou des outils improvisés, tels que petits bristols, bouts de tissus à riche texture, velours côtelé ou fourrure, carton ondulé, etc. Il est utile d'acheter un grand assortiment de pinceaux (voir page 34).

7a

7b

8a

8b

9a

9b

9c

9 Une vieille brosse de peintre, grande largeur (10 centimètres), à soies dures, complètera utilement votre panoplie. Chargée de colorant non épaissi (a), elle remplit avantageusement les fonds à grands traits ; elle convient bien à l'application sur fond humide ou aux dégradés (voir page 90). Chargée d'alizarine et de liant (b), elle laissera des traces de coups de pinceau larges et riches de matière, puisque le tissu épais en dessous accroche et écarte les soies dures. Pour obtenir le même résultat avec un colorant (c), il convient d'utiliser un épaississant approprié prêt à l'emploi, ou du Manutex F, comme indiqué page 43. Les épaississants réservés aux pigments prêts à l'emploi se trouvent facilement chez les fournisseurs.

LE FIXAGE À LA VAPEUR

Les colorants de teinture présentent un réel inconvénient : ils risquent de se décolorer en attendant le fixage à la vapeur. Tous les projets proposés dans cet ouvrage se servent de colorants sur des pièces de petite dimension qui peuvent être aisément fixées dans des autocuiseurs ménagers. L'amateur de grands décors sur soie aura besoin d'une véritable étuve de grande capacité. C'est un investissement coûteux, utile uniquement en cas de travaux sur une plus grande échelle. Ces étuves peuvent fixer de 15 à 20 mètres de soie à la fois.

1

Le fixage à l'autocuiseur

Une fois la coloration achevée, épingler la pièce de soie sur un morceau de calicot blanc propre (1) plus grand que la soie (laisser 10 centimètres de plus tout autour). S'assurer que la soie est bien maintenue au calicot dans les angles et épingler tous les 8 centimètres environ. Rabattre le calicot sur la soie et enrouler en veillant à ce que la soie touche uniquement le calicot (2). Il est très important de protéger la soie pour qu'aucune partie peinte ne déteigne sur une autre, ou ne tache une partie non peinte. Le calicot servira d'absor-

2

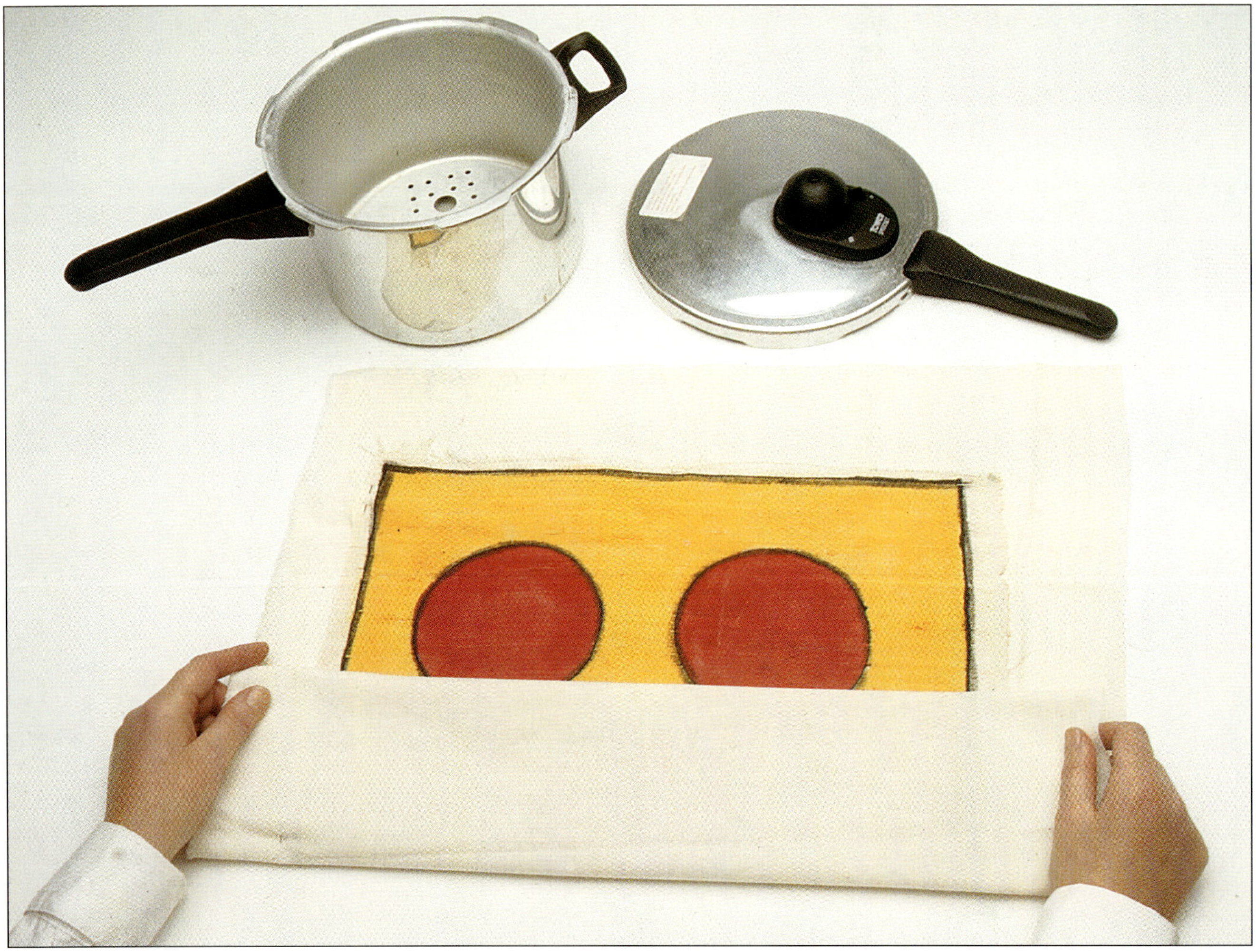

3

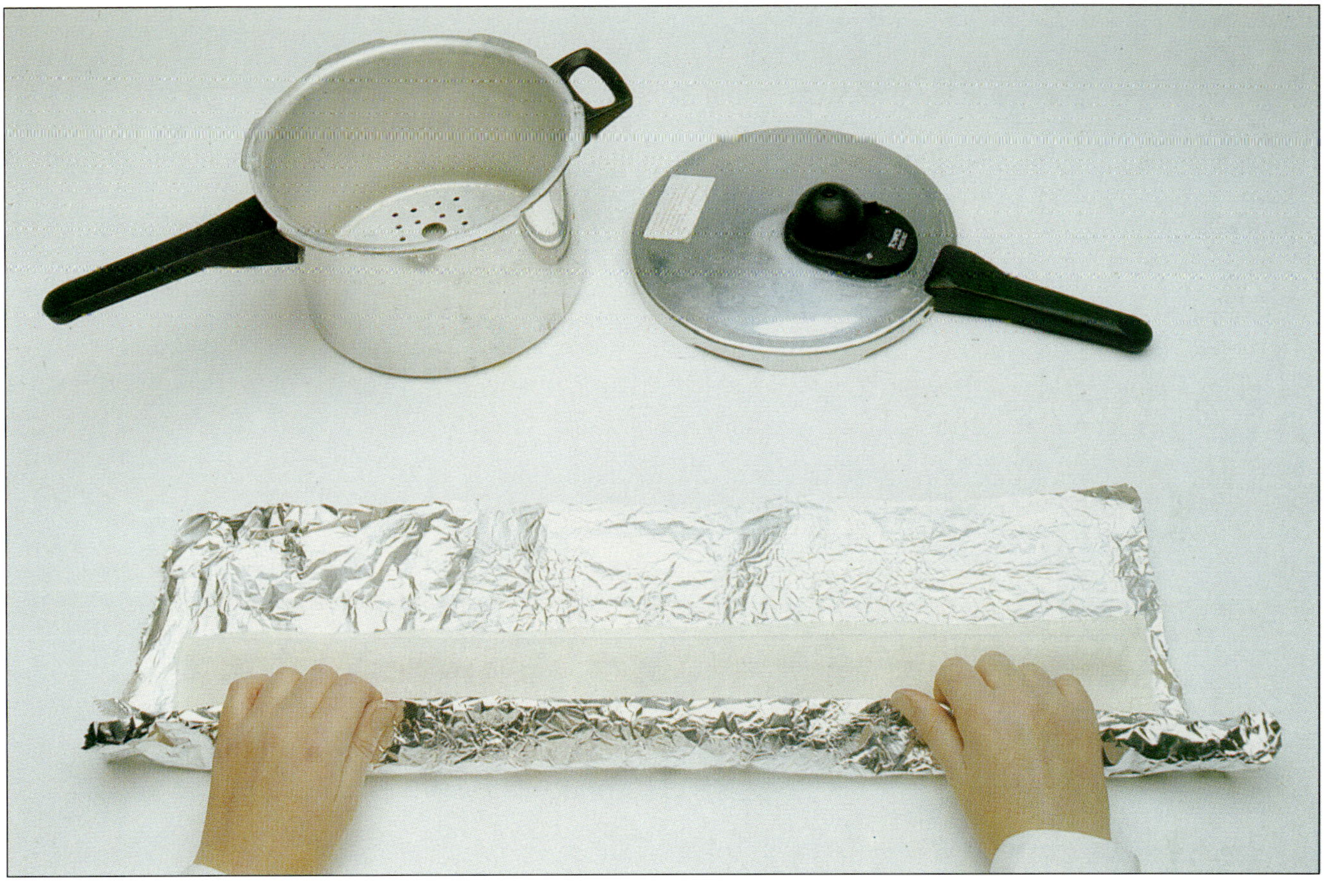

4

bant si un colorant est rendu humide par la vapeur avant la fin du fixage, en l'empêchant de déteindre. Enrouler maintenant le calicot (avec la soie) dans une feuille d'aluminium (3) légèrement plus grande que le calicot. Bien replier les deux extrémités de cette feuille pour protéger la soie de la vapeur et éviter la formation de condensation dans le calicot enroulé, ce qui risquerait d'endommager les couleurs avant qu'elles ne soient complètement fixées.

Placer le panier dans la cocotte (4) et ajouter environ 2 centimètres d'eau. Déposer le rouleau dans le panier à légumes en veillant à ce qu'il ne touche pas l'eau. Attention aux taches et aux auréoles qui pourraient alors se former sur la soie.

Chauffer, à température modérée, pendant 45 minutes, sans faire bouillir l'eau : **consulter en tout cas le mode d'emploi du fabricant.** Rincer la soie à l'eau froide, jusqu'à ce que l'eau soit claire (parfois le tissu « dégorge »), la laver à l'eau tiède savonneuse. Rincer à nouveau, laisser sécher et repasser sur l'envers.

APPLICATION SUR FOND HUMIDE OU SUR FOND SEC

Avec les colorants, peu importe si on peint sur une couleur encore humide ou sur une couleur sèche puisque le colorant qui n'est pas encore fixé s'humidifie à nouveau, même s'il est déjà sec. Il en va différemment avec les pigments, prêts à l'emploi ou à mélanger à un liant. Comme ils sont fixés au fer chaud, ils sont plus stables une fois secs ; ainsi, des effets différents peuvent être obtenus selon que le colorant a séché ou non. Toutefois, les alizarines avec liant sont plus délicates à appliquer humides sur fond sec, étant donné que les couches superficielles auront tendance à déteindre avec le fixage. Ce pigment tient mieux appliqué directement sur le tissu que sur une autre couleur. En fonction du résultat recherché, on peut parfois tirer avantage de ce défaut. On peut également peindre avec des pigments sur un fond sec teint avec un colorant, à partir du moment où le fond a déjà été fixé (à la vapeur, par exemple, voir page 48). C'est la méthode employée pour le panneau décoratif rouge pompéien, page 126.

Les colorants

Le colorant jaune est appliqué humide sur fond humide (1) teint en bleu. La couleur se mélange au bleu pour donner un vert subtil (2).

Le colorant jaune est appliqué humide sur un fond sec (3) teint en bleu et, puisque le fond n'a pas été fixé, le bleu est réactivé et se comporte comme s'il avait subi l'application humide sur fond humide (4).

1

3

2

4

Les pigments

L'alizarine jaune mélangée au liant est passée humide sur fond humide (1) de pigment bleu à l'alizarine avec liant. Les couleurs se mélangent, formant un léger vert (2).

L'alizarine jaune mélangée au liant est passée humide sur fond sec (3) de pigment bleu à l'alizarine avec liant. Comme le fond a séché et s'est stabilisé, le jaune ressort bien. Si on veut obtenir un jaune encore plus contrasté, il faut le mélanger au blanc opaque Bricoprint Opaque White T (4 et 5). Pour obtenir les meilleurs résultats quand on peint avec les alizarines et liants humides sur fond sec, il est conseillé d'employer du colorant pour peindre le fond.

Il faut évidemment le fixer au préalable à la vapeur, comme indiqué page 48, avant d'appliquer l'alizarine mélangée au liant. Toutefois, il est intéressant d'observer l'effet produit par l'application d'alizarine sur une autre alizarine qui sert de fond sec, et de voir le rendu lorsqu'on enlève certaines parties de la dernière couche durant le lavage qui suit le fixage.

1

2

3

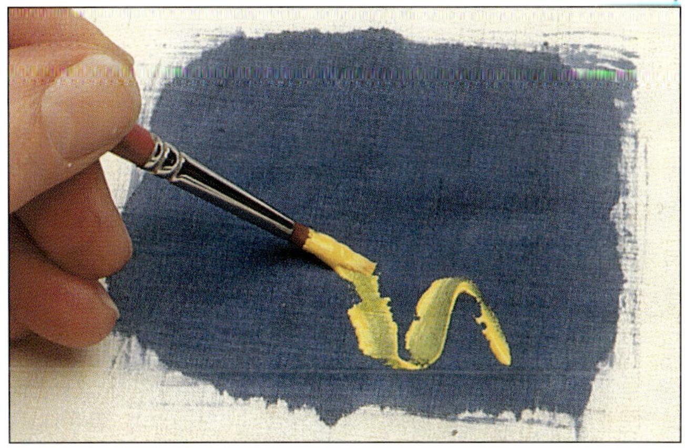

4

5

LES AUTRES TECHNIQUES

La plupart des techniques que nous allons décrire maintenant ont été réalisées avec des alizarines et des liants. Elles produisent les plus beaux effets grâce à leur pâte onctueuse. Si vous entendez utiliser des colorants ou des pigments prêts à l'emploi, il faudra les épaissir avec les produits qui conviennent. Il est indispensable de porter des gants pour ce type de manipulation.

Après avoir utilisé ces techniques, dont les outils sont d'un maniement très facile, il faut fixer correctement toutes les colorations pour connaître les vraies couleurs finales (les couleurs sont toujours plus vives après fixage). Ensuite, comme d'habitude, rincer à l'eau froide. Laver la soie à l'eau tiède savonneuse, rincer, laisser sécher et repasser sur l'envers.

La gutta

La gutta produit l'effet du batik sans utiliser la cire fondue. La gutta n'a pas besoin d'être chauffée et ne laisse pas de trace sur la soie quand on l'enlève après la peinture.

La gutta s'applique avec tous les types de pinceaux (1), ou avec la pipette (2). Il existe de la gutta incolore, dorée, argentée et de différentes couleurs (3). Il faut d'abord dessiner ou peindre sur la soie avec la gutta, puis laisser sécher. La gutta empêche la coloration de la soie partout où elle a été appliquée, surtout sur la soie fine comme le *habotai*. Parfois, la couleur arrive à pénétrer dans les soies épaisses. Il vaut mieux faire des essais sur des échantillons avant de travailler sur de grandes pièces. Commencez par appliquer la couleur, épaissie ou non épaissie, sur la gutta sèche. Laissez sécher. Fixez, rincez à l'eau froide, lavez à l'eau tiède savonneuse. Rincez à nouveau, laissez sécher et repassez sur l'envers. La soie n'a pas été teintée là où se trouvait la gutta incolore, qui a été éliminée au lavage. En revanche, la gutta de couleur, dorée et argentée, laisse une trace sur la soie après le fixage et le lavage. Le ton ainsi obtenu paraîtra plus clair et plus lumineux que si on avait appliqué un autre type de couleur.

1

2

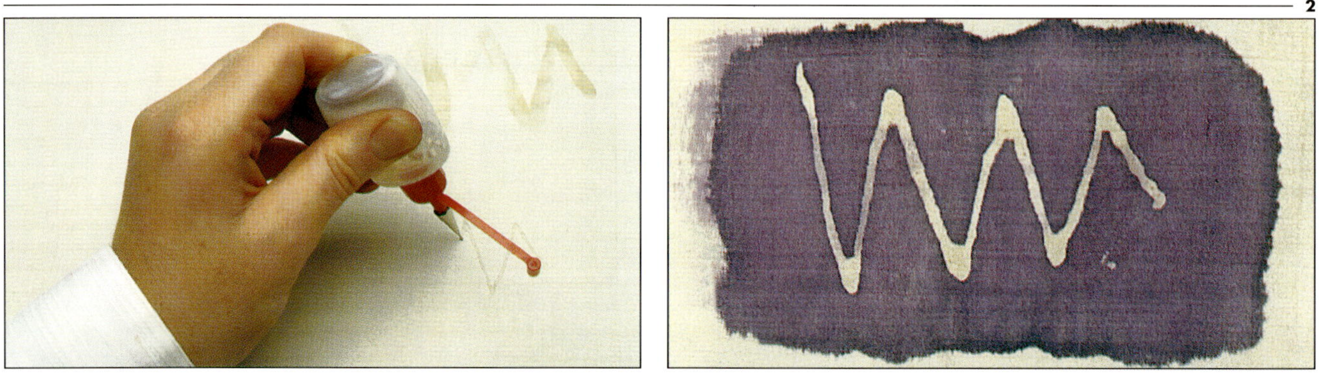

3

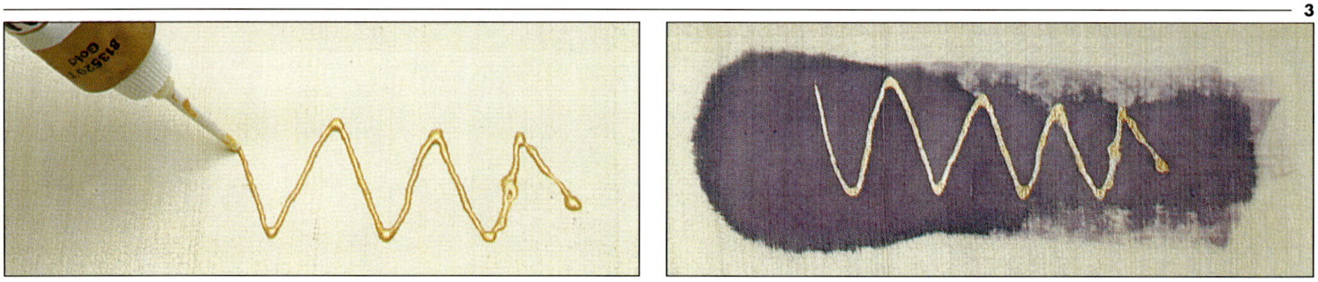

La couche d'enduit

La couche d'enduit sert à éviter qu'une couleur trop liquide fuse dans la soie. À la différence des couches d'enduit des toiles, elle partira au premier lavage après le fixage des couleurs. L'enduit tend à décolorer légèrement la soie et doit donc être appliqué uniformément sur toute la surface du tissu à peindre. Il permet de créer des effets d'aquarelle en écartant l'une des difficultés de cette technique, l'étalement incontrôlé des couleurs. Passer une couche d'enduit (Javana « Aquarellgrund », ici) sur toute la surface de la soie. Laisser bien sécher. Ci-contre et ci-dessous, l'enduit a été appliqué sur une petite partie de la soie pour montrer l'effet qu'il produit sur la couleur qu'on utilise ensuite. Lorsqu'on passe une couche de peinture sur l'enduit sec et sur la soie non enduite, on constate que la couleur s'étale davantage dans le tissu non enduit. Là où la soie a été enduite, les traits de pinceau sont plus faciles à maîtriser. Fixer la couleur. Laisser tremper la pièce de tissu peinte dans l'eau chaude pendant trente minutes ; ne pas utiliser de détergent, au risque que l'enduit raidisse l'étoffe et ne puisse plus être retiré. Rincer abondamment. Puis laver à l'eau savonneuse, une fois que l'enduit a été éliminé. Rincer, laisser sécher et repasser sur l'envers.

Chapitre 4

Couleurs opaques et translucides

Nous allons désormais aborder les applications pratiques des techniques détaillées précédemment. Vous verrez comment utiliser nos trois produits de décoration textile en fonction du sujet et de l'effet recherché. Avant de vous mettre au travail, étudiez bien la composition. C'est essentiel car les colorants et les pigments sont quasiment indélébiles. Certes, le lavage peut réduire l'intensité d'une couleur qui n'a pas été fixée, mais la coloration, elle, restera une fois pour toutes. Ne soyez pas déçu si vous faites des erreurs ! On peut les rattraper. Le résultat final ne correspondra peut-être pas à votre attente, mais si vous avez élaboré la couleur au fur et à mesure, vous aurez au moins le plaisir de découvrir de nouvelles intensités de tons. Les couleurs peuvent s'appliquer sur un fond humide pour créer une certaine densité et donner une illusion de profondeur. En cas de bavure ou d'opacité, utilisez du papier essuie-tout.

Vous allez enfin entrer dans le vif du sujet : composer un motif simple directement sur le tissu, observer le comportement d'un colorant sur une soie, comprendre à quel moment il faut procéder au fixage, et de quelle manière. Et vous émerveiller de vos prouesses !

Armoiries

COULEURS OPAQUES ET TRANSLUCIDES

Les trois blasons à réaliser nécessitent l'emploi des produits de décoration textile présentés dans le chapitre sur le matériel. Le blason bleu est à base de pigment (l'alizarine) associé à un liant, le Bricoprint Binder SF20. Il peut être très opaque et, en modifiant le procédé de fixage habituel, se comporter comme une teinture. Le blason jaune et rouge à bordure bleue est réalisé avec un pigment Javana prêt à l'emploi, plus translucide que le pigment et son liant, mais d'un emploi aussi facile, car il se fixe au fer chaud. Le blason jaune et rouge est peint avec des colorants dont le brillant et la transparence sont sans égal, tout en faisant ressortir la luminosité de la soie. Les colorants se fixent à la vapeur. Ces blasons sont réalisés sur trois qualités de soies différentes et chacun met en valeur la texture du tissu et l'effet créé par la couleur.

Nous n'avons choisi que trois blasons, mais vous serez peut-être inspiré par d'autres. Un groupe de petites pièces disposées comme sur le livre ci-dessous est facile à réaliser ; il produirait un effet d'autant plus saisissant qu'il serait exécuté à grande échelle, à la manière des anciennes tentures d'apparat.

Le blason bleu détaille les phases de la composition. Les deux suivants montrent les différentes techniques appliquées selon les produits.

Procurez-vous des pièces de soies rectangulaires (68 × 48 centimètres). Tendez-les et fixez-les sur une planche rembourrée (explications en page 32) d'environ 73 × 53 centimètres. Au lieu de travailler sur chaque pièce séparément, vous pouvez les réaliser toutes les trois ensemble, en profitant des temps morts du séchage de l'une pour continuer à peindre sur l'autre.

Blason bleu
Pigment alizarine avec liant sur taffetas écru

1 Avec un crayon noir 2B et une règle, tracez un rectangle de 61 × 40,5 centimètres sur la soie tendue, sans appuyer, pour ne pas accrocher le tissu. Ce léger tracé disparaîtra à la fin sous les traits de serti noir.

1

2 À l'aide d'un tube de gutta noire pour serti muni d'un embout, repassez sur la ligne tracée au crayon qui vous servira de guide. Sans utiliser la règle, votre trait sera quand même droit tout en ayant la spontanéité d'un tracé à main levée. Laissez sécher la gutta ; c'est assez long, soyez patient, sinon vous risquez de faire des bavures.

2

3 Tracez de grands ronds au crayon noir 2B. Comme modèle, vous pouvez prendre toutes les formes circulaires que vous avez sous la main (ici, un rouleau de papier-cache), pourvu qu'elles soient adaptées à la taille de l'ouvrage.

4 Un pot de couleur pour pochoir sert de modèle pour le tracé du cercle interne, avec le même crayon 2B.

3

4

5

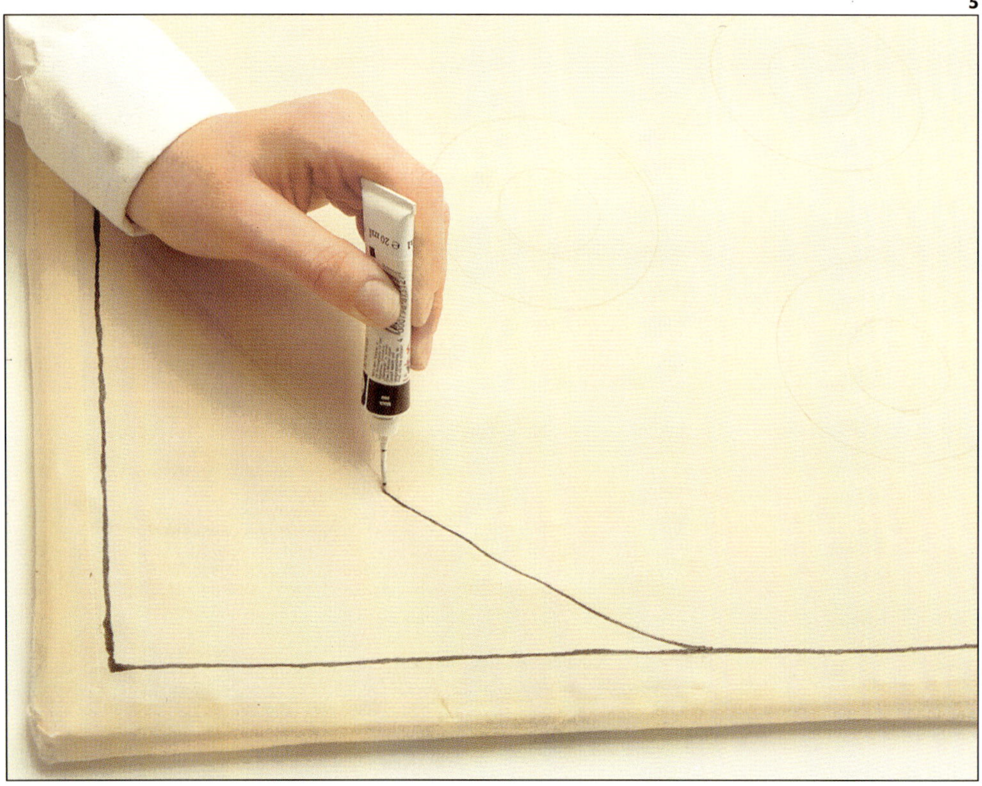

5 Pour dessiner la pointe incurvée du blason, faites une marque au crayon au milieu de la largeur du rectangle, en bas. Sur chaque longueur du rectangle, faites une autre marque au crayon en comptant 23 centimètres à partir du bas. Tracez une ligne courbe au crayon, à main levée, pour joindre les marques sur les trois côtés. Repassez sur ce tracé avec le tube de gutta noire pour serti.

6

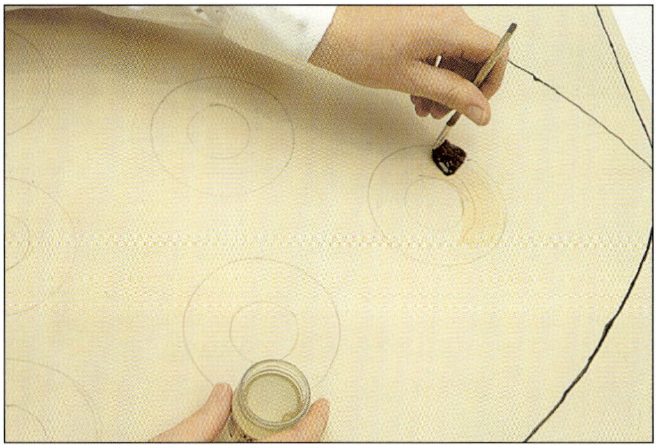

7

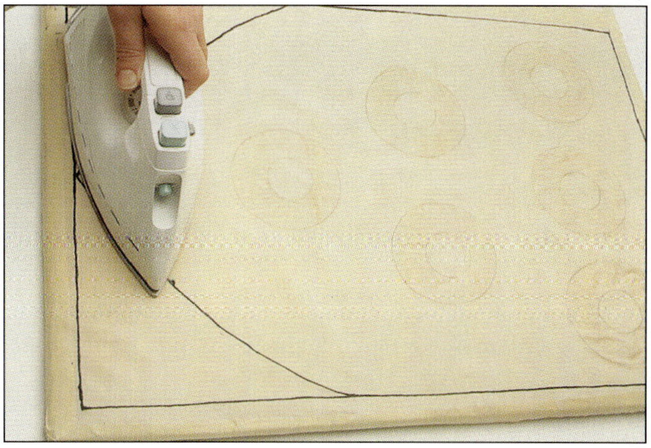

8

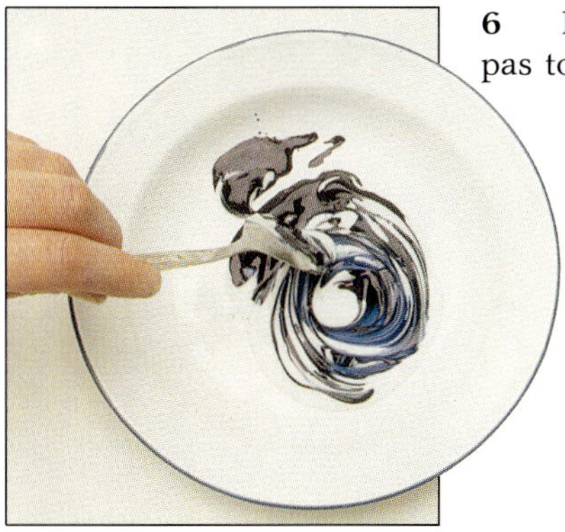

6 En prenant soin de ne pas toucher les contours noirs que vous venez de dessiner, remplissez l'espace entre les cercles de gutta incolore avec un pinceau plat et soyeux de 15 millimètres (voir phase 10).

7 Dès que la gutta est parfaitement sèche, repassez au fer chaud les contours noirs et les cercles remplis de gutta incolore pour bien les fixer.

8 Mélangez du pigment alizarine bleue RT au liant Bricoprint Binder SF20 dans une assiette en émail, goutte à goutte, pour obtenir la teinte désirée, jusqu'à disparition de toute trace de blanc.

9 Avec un pinceau plat de 6 centimètres, passez le pigment bleu sur le corps du blason. Comme la gutta appliquée sur les cercles résiste à la coloration, vous pouvez peindre autour sans hésiter. Étalez la couleur sans chercher la régularité pour imiter l'effet produit sur le livre d'armoiries anciennes.

9

10

10 Si vous avez appliqué une couche assez épaisse de gutta à la phase 6, vous n'aurez pas de difficulté à peindre l'intérieur des cercles avec le pigment. À ce stade, vous pouvez réaliser une expérience : passer du bleu là où il y a de la gutta. Les parties du tissu recouvertes de gutta incolore n'absorberont pas la couleur, les parties sans gutta resteront bleues après lavage là où le pigment a été appliqué. Laissez sécher la soie. Elle prend un aspect dense et foncé mais le pigment opaque la rend lourde et épaisse.

11 Une fois qu'elle est complètement sèche, lavez la pièce avec soin à l'eau tiède savonneuse. N'oubliez pas d'enfiler des gants de caoutchouc. Avant cette étape, il aurait fallu fixer la couleur sur la soie au fer chaud, mais là c'est inutile. Cette méthode vous permet d'appliquer une épaisse couche de pigment sur de grandes surfaces, comme si c'était de la teinture, en évacuant les effets de lourdeur observés à la fin de la phase 10. Rincez, laissez sécher et repassez sur l'envers, la couleur vous semblera alors plus subtile.

11

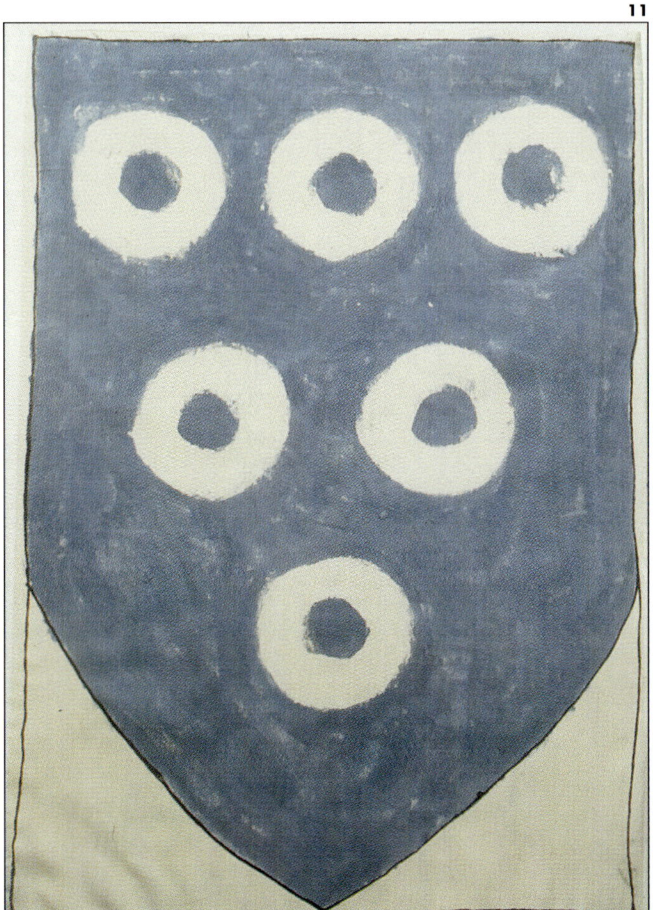

12

13

12 Pour obtenir un jaune pâle, mélangez l'alizarine jaune G avec le liant Bricoprint Binder SF20. De petites quantités suffisent (environ deux cuillères à café de liant et une petite goutte de pigment). Après avoir enfilé des gants, appliquez la couleur dans les cercles en tamponnant avec un bout d'éponge. Veillez à ne pas trop imbiber l'éponge.

13 Passez un crayon à la cire noir pour tissus sur les contours de gutta noire. D'habitude, le crayon à la cire ne ressort pas très bien (attention, les crayons conçus spécialement pour les tissus sont plus tendres et ont tendance à se casser facilement). Toutefois, appliquée sur le serti de gutta noire, la cire adoucit son trait dur pour le rapprocher davantage des lignes imparfaites du livre original. Repassez sur l'envers pendant trois minutes au fer chaud (thermostat coton). Lavez à l'eau tiède et au savon, rincez, laissez sécher et repassez sur l'envers.

14

14 Le blason est terminé.

COULEURS OPAQUES ET TRANSLUCIDES

Blason jaune et rouge à bordure bleue
Pigments prêts à l'emploi sur taffetas blanc

1 À l'aide d'un pinceau plat et soyeux de 6 centimètres, passez sur toute la surface de la soie une couche d'enduit pour tissus. L'enduit pour aquarelle Javana « Aquarellgrund » permet de peindre directement avec le pigment sans adjonction d'épaississant. Cela évite au pigment de se disperser, de « fuser » et de laisser des traces sombres. Attendez que l'enduit soit sec.

2 Tracez un rectangle au crayon noir 2B et repassez dessus avec la gutta noire pour serti (phases 1 et 2 du blason bleu). Lorsque le serti est bien sec, à l'aide de la largeur de la règle (2,5 centimètres), tracez un rectangle à l'intérieur du précédent, au crayon puis avec la gutta noire, pour délimiter la bordure.

3 Tracez les cercles avec le tube de gutta en suivant le modèle rond. Méfiez-vous des risques de bavure. Laissez bien sécher et repassez pour fixer.

4 Étalez de la peinture jaune maïs Javana (n° 8192) sur le fond ; utilisez un pinceau plat de 2,5 centimètres autour des cercles et dans les angles. Ailleurs, vous pouvez utiliser un pinceau plus large. Bien que la couche d'enduit, comme le serti, empêche la couleur de se disperser, veillez à ne pas effleurer de trop près les contours noirs.

1

2

3

4

5

6

5 Ensuite, remplissez les cercles de peinture rouge cerise Javana (n° 8194) en partant du centre vers les bords, soigneusement, pour éviter de déborder du serti. La peinture utilisée ici est assez épaisse ; vous pouvez la diluer.

6 Passez une couche de jaune qui se mélange ainsi au rouge encore humide ; travaillez du centre vers les bords.

7 Une fois le jaune et le rouge parfaitement secs, peignez la bordure bleue avec un pinceau de 2,5 centimètres. Quand la bordure bleue est sèche, passez un crayon à la cire noir sur les contours de gutta (voir phase 13 du blason bleu). Repassez sur l'envers pendant trois minutes au fer chaud (thermostat coton). Laissez tremper pendant une demi-heure dans de l'eau chaude pour enlever l'enduit, sans détergent. Ensuite, lavez (avec du détergent), rincez, laissez sécher et repassez.

8 Voici la pièce terminée.

7

8

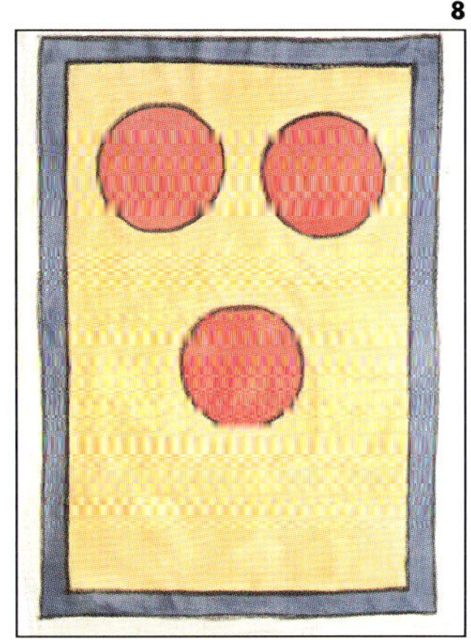

1

Blason jaune et rouge
Colorants sur doupion

1 Tracez un rectangle (comme indiqué pour le blason bleu, phases 1 et 2). Sertissez les cercles à la gutta noire comme pour le blason précédent (phase 3). À l'aide d'un pinceau plat de 2,5 centimètres, appliquez un mélange de jaune de chrome Dupont (n° 2000) et de Manutex F (voir page 43) ; vous éviterez ainsi que la couleur ne fuse dans la soie.

2

2 Avec le même pinceau ou un pinceau soyeux de 1,5 centimètre, étalez le colorant rubis Dupont (n° 2005) mélangé au Manutex F à l'intérieur des trois cercles, en travaillant du centre vers les bords. Lorsque la pièce de soie est bien sèche, fixez-la à la vapeur (voir page 48). Rincez à l'eau froide. Lavez à l'eau tiède savonneuse, rincez, laissez sécher et repassez sur l'envers. Retendez la soie sur son support et passez le crayon à la cire noir sur le serti (voir phase 13 du blason bleu). Repassez sur l'envers pendant trois minutes au fer chaud (thermostat coton).

Conclusion
Vous venez de mettre en pratique les trois méthodes principales de peinture sur soie. Souvenez-vous que chaque produit a ses propriétés ; il faut faire attention à la manière de le fixer. Maintenant, vous en savez un peu plus. Vous êtes mieux en mesure de choisir vos produits et vos soies. Avez-vous remarqué que les colorants donnent du brillant et de la luminosité ? Les alizarines avec liant, même lavées et sans fixage, donnent plutôt un aspect mat et une riche texture. Quant aux pigments prêts à l'emploi, ils produisent des effets intermédiaires. En suivant vos préférences pour une méthode ou pour une autre, pourquoi ne pas vous lancer dans la création d'une œuvre personnelle et originale ?

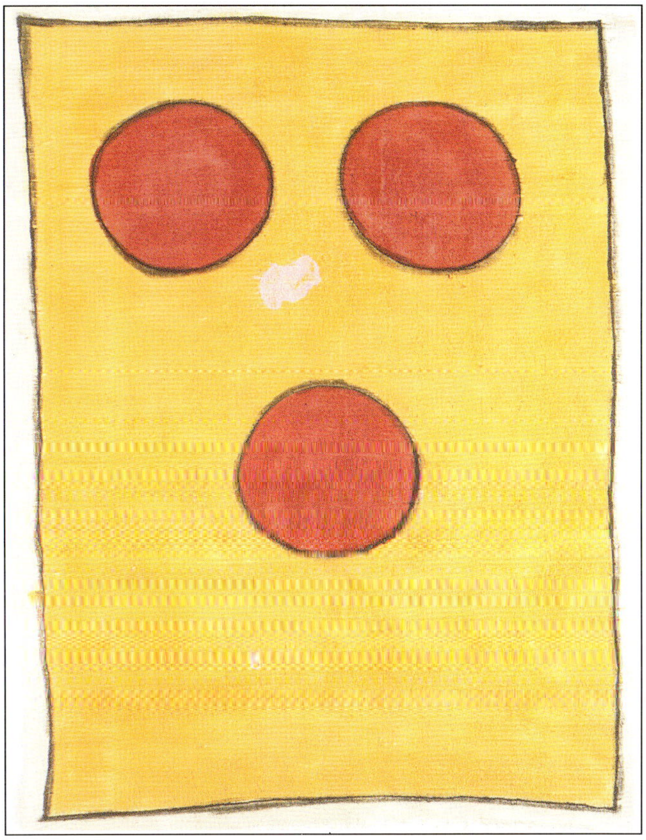

Vitrail

COULEURS OPAQUES ET TRANSLUCIDES

Dans cet exercice, le pigment noir opaque (noir alizarine et liant Bricoprint) est employé pour rendre la robustesse des plombs qui entourent les plaques de verre dans les vitraux. Il contraste avec la couleur translucide obtenue avec les colorants. Mélangés humides sur des fonds humides, ceux-ci produisent des tons variés, s'intensifient après le passage de plusieurs lavis. Ici, on peint en utilisant le colorant comme l'aquarelle, pour rendre la transparence du verre. En plus de ses qualités d'opacité, le pigment noir agit comme un serti en assurant la séparation des couleurs.

Veillez à ne pas trop charger le pinceau de colorant pour ne pas déborder du pigment noir. En cas de problème, absorbez vite l'excédent de peinture avec du papier essuie-tout. Pour rattraper une bavure éventuelle, vous pouvez peindre dessus avec une autre couleur. Ainsi, vous découvrirez peut-être d'intéressants dégradés ou nuances. Même si vous n'obtenez pas le résultat technique escompté, ne soyez pas déçu : vous aurez fait l'expérience d'un nouveau mélange de couleurs.

1

1 Sur une planche préalablement rembourrée (voir page 32) mesurant au moins 71 × 51 centimètres, tendez une pièce de taffetas blanc de 63 × 43 centimètres. À l'aide de papier-cache de 2,5 ou 5 centimètres de large, recouvrez les bords du tissu pour obtenir un rectangle net au centre de 58 × 38 centimètres. Sur les deux longueurs du rectangle, posez une autre bande de papier-cache à 1 centimètre de la première. Appuyez bien pour que le papier-cache adhère suffisamment au tissu (voir phase 5).

2 Avec un petit pinceau plat et soyeux n° 8, à bout effilé, trempé dans l'alizarine noire additionnée de liant Bricoprint Binder SF20, peignez la bande de 1 centimètre de large entre les deux longueurs de papier-cache, des deux côtés du rectangle. Le papier-cache facilitera l'exécution de traits droits et nets à condition de l'avoir posé correctement.

2

3

4

3 Une fois que les deux traits noirs sont secs, retirez les deux bandes internes de papier-cache. Sur chacune des deux longueurs, recouvrez le trait noir d'une bande de papier-cache (de 2,5 centimètres de large). À environ 1 centimètre de la bande précédente, vers l'intérieur, posez une autre bande de papier-cache (2,5 centimètres de large), parallèlement à la première, en appuyant pour la faire adhérer. Sur chacune des deux largeurs, fixez une bande de papier-cache (2,5 centimètres) à 1 centimètre environ du papier-cache qui entoure le support. Avec des ciseaux, coupez les extrémités des bandes de papier-cache, qui dépassent sur les bandes verticales. Peignez entre les bandes de papier-cache, dans la longueur et dans la largeur, avec le même mélange noir qu'à la phase 2.

4 Posez plusieurs séries de trois bandes parallèles de papier-cache en reliant en diagonale chacun des grands côtés du rectangle ; laissez environ 1 centimètre de large entre chaque bande parallèle. Vous obtenez ainsi des croisillons. Avec des ciseaux, coupez par endroits les bandes de papier-cache qui se superposent pour parvenir à la figure ci-contre (voir aussi l'illustration de la phase 5).

5 Appuyez bien sur les bandes de papier-cache avant de peindre pour que la couleur ne s'infiltre pas sous le papier et que vos traits soient bien nets. Peignez, comme à la phase 2, et laissez sécher.

5

6

6 Dès que la peinture est sèche, ôtez le papier-cache. Vous remarquerez peut-être certains espaces sans couleur qui étaient masqués par la superposition des bandes. Effectuez soigneusement les raccords de peinture noire à l'aide de bouts de papier-cache, comme indiqué plus haut, pour achever la composition.

COULEURS OPAQUES ET TRANSLUCIDES

7 Dessinez à main levée les traits irréguliers et les lignes arrondies pour imiter les plombs qui maintiennent le verre. Employez le même pinceau plat et soyeux, à bout effilé, n° 8, en vous servant du côté plat pour les gros traits. Commencez en haut de la composition et travaillez en descendant.

7

8

9

8 En vous servant de la tranche fine du pinceau, peignez les lignes plus délicates. La composition géométrique, plutôt rigide au départ, commence à acquérir une certaine souplesse.

9 Ce dessin peut vous servir de guide pour imiter la structure en plomb du vitrail. Une fois délimité l'ensemble de la structure rigide, à l'aide du papier-cache et du cadre noir, vous pourrez improviser les traits irréguliers et les lignes délicates à main levée, qui donneront une touche vivante à cette composition géométrique.

10

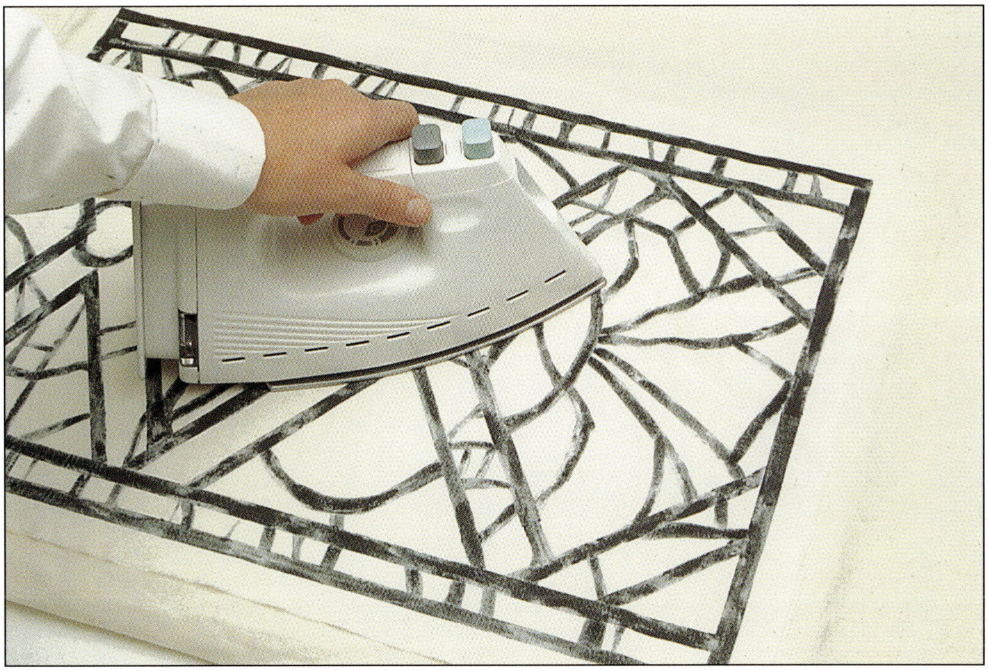

10 Laissez sécher la peinture noire pendant une nuit. Retirez la pièce de taffetas de son support et repassez-la sur l'envers pendant trois minutes au fer chaud (thermostat coton).

Cette étape est très importante. Les traits noirs doivent être parfaitement fixés pour servir de serti et empêcher ainsi les colorants (qui seront étalés ensuite) de déborder.

11

11 Disposez très peu de couleur au compte-gouttes dans les petites cases de la palette. Le compte-gouttes est très pratique pour prendre les quantités nécessaires de peinture dans les flacons. Lavez soigneusement le compte-gouttes à l'eau courante à chaque fois que vous changez de couleur.

12 Il est conseillé de commencer par le jaune (jaune de chrome Dupont n° 2000) en utilisant un pinceau très propre, car le jaune est une couleur très sensible qui se tache facilement au contact des autres. Les colorants étant très concentrés, il faut laver les pinceaux sous l'eau avec le plus grand soin. Tout résidu de peinture dans les soies du pinceau, même sec, risque de souiller la couleur suivante.

Appliquez la peinture en commençant par le milieu de l'espace à remplir et en l'étalant délicatement vers les bords, pour que le pinceau ne soit pas trop chargé de couleur quand vous parviendrez près des contours noirs. Utilisez un pinceau soyeux n° 12.

13 Pour le rouge, nous avons choisi le rubis (Dupont n° 2005) et le rose (Dupont n° 2006) mélangés ensemble quand ils sont humides. Nettoyez bien les pinceaux sous l'eau courante quand vous avez besoin d'une couleur franche, ou servez-vous de la dernière couleur qui reste sur le pinceau pour peindre la base de la teinte suivante. Le vert sur la gauche (voir illustration 14), par exemple, a été obtenu avec du Côte d'Azur (Dupont n° 2010) et du jaune de chrome (Dupont n° 2000), et appliqué pendant que le pinceau était encore chargé de rose-rouge, ce qui a atténué l'intensité du vert.

12

13

14

15

14 La couleur peut être appliquée sur le fond encore humide pour effectuer des mélanges ou obtenir des dégradés de tons.

15 Soyez très attentifs quand vous travaillez sur fond humide, afin de ne pas inonder la soie et traverser le serti noir. En cas d'errreur, improvisez une belle couleur foncée comme le rouge ci-contre. Nous l'avons créé à partir d'un jaune qui avait absorbé une touche de bleu turquoise.

COULEURS OPAQUES ET TRANSLUCIDES

16 Cette illustration peut vous servir de guide.

17 Après avoir appliqué toutes les couleurs, laissez bien sécher. Avec un pinceau très fin n° 00 et du noir concentré (Dupont n° 2019), concentrez-vous sur les détails rappelant la patine du verre teinté. Le colorant noir translucide contraste avec le pigment noir opaque et confère profondeur et vivacité à l'ensemble de la composition. Peignez ces détails avec des touches de peinture délicates et légères. Dès qu'elles sont sèches, fixez les couleurs à la vapeur. Lavez à l'eau tiède et au savon, rincez, laissez sécher et repassez sur l'envers.

16

18 Si vous avez rencontré quelque difficulté à maîtriser les couleurs et si vous n'êtes pas tout à fait satisfait du résultat, ne vous faites pas de souci pour autant. En compensation, sans doute avez-vous fait des découvertes inattendues de dégradés, qui vous inspirent déjà pour les projets à venir. Si la construction de la composition à l'aide de papier-cache vous a semblé trop fastidieuse, vous pourrez essayer d'utiliser les colorants simplement comme des lavis. Vos compositions seront vives, lumineuses, éclatantes de couleur, comme des aquarelles.

17

Chapitre 5

Linogravure et pochoirs

La composition est une étape très importante dans la réalisation d'une peinture sur soie. C'est pourquoi il ne faut pas négliger les nouvelles méthodes de dessin qui prennent en considération le comportement du tissu. Le débutant sera découragé de voir que les matières employées ne se comportent pas comme prévu. Lorsqu'on débute et qu'on doute de la qualité de son dessin, il peut être intéressant de connaître d'autres moyens de transfert direct des formes et des lignes sur la soie. Si le dessin vous effraie, la linogravure et les pochoirs peuvent vous aider au début. Bien souvent, ce n'est qu'un problème de manque de confiance. Dans le motif du vase de fleurs proposé ci-après, le modèle original a d'abord été agrandi à la photocopie puis reporté sur une plaque de lino. Les techniques de la linogravure présentent l'avantage de donner une nouvelle vitalité à des dessins plutôt ordinaires.

Pour le projet de la fleur de lys proposé dans ce chapitre, nous avons retenu délibérément un motif très simple pour montrer que la couleur et le tissu choisis peuvent créer un très bel effet sans recourir à des techniques compliquées.

Vase de fleurs

LINOGRAVURE ET POCHOIRS

Ce vase de fleurs a été agrandi à la photocopie (format A3) à partir d'une carte postale représentant une table en faux marbre exposée au Victoria and Albert Museum de Londres. Le tracé du vase a été réalisé à partir de la photocopie (on aurait également pu le faire à main levée directement sur le lino) puis transféré sur le lino. Nous avons choisi du doupion de soie grège qui donne du corps à la couleur tout en conférant à la pièce terminée une impression de douceur.

Les plaques de linogravure agissent en « négatif » : les parties principales du dessin sont en creux, donc en blanc, pour être ensuite peintes directement sur la soie au pinceau. Le fond, lui, n'est pas découpé — sa surface est lisse — afin de recevoir le colorant du rouleau-encreur et d'être imprimé sur la soie qui servira de support du fond noir. Pour la réalisation du fond noir en linogravure, nous avons choisi un colorant Dupont mélangé à un épaississant, car le fond constitue un élément important de la pièce. Et les colorants modifient moins la surface du tissu. Après avoir fixé le fond à la vapeur, nous avons ajouté une deuxième couche de couleur, composée d'un pigment prêt à l'emploi destiné également aux détails des fleurs et du vase. Les colorants ont été mélangés à un épaississant pour les détails même lorsque les couleurs étaient plus brillantes. Elles seront fixées à la vapeur.

Utiliser une pièce de doupion de 45 × 35 centimètres fixée sur une plaque préalablement rembourrée d'au moins 55 × 45 centimètres (voir page 32).

1

2

1 Agrandissez votre modèle à la photocopie (format A3). Sur du papier calque, tracez un cadre d'environ 31 × 25 centimètres avec un crayon 2B. Dessinez les principaux éléments du vase et des fleurs. Retournez le papier calque et, avec un crayon HB, transférez le dessin sur un morceau de lino d'environ 40 × 30 centimètres. Disposez le dessin de façon légèrement décentrée sur le lino de manière à pouvoir couper une bande sous l'un des bords pour qu'il soit plus facile de le retirer après impression. Fixez le calque aux angles avec du papier-cache. Comme le tracé sera peu visible sur le lino, repassez par-dessus avec un crayon.

2 Placez une serviette en papier sous votre main pour éviter d'endommager le dessin au cours de la découpe. À chaque partie du motif correspond un type de gouge. C'est elle qui donne au dessin son caractère particulier. Pour les détails des fleurs, il est préférable de travailler par petits coups secs et vifs dans le lino.

Pour plus de sécurité, gardez toujours la main libre DERRIÈRE celle qui tient l'outil et creusez en dirigeant la pointe de la gouge vers l'extérieur. NE coupez JAMAIS en dirigeant la pointe vers vous.

3

4

5

3 Creusez à la gouge un sillon lisse le long du cadre rectangulaire pour donner au contour un aspect plus spontané.

4 La plaque de lino terminée donne déjà une idée du rendu sur la soie. Sur le bord extérieur gauche, laissez une marge supplémentaire pour pouvoir retourner la plaque et l'appliquer sur la soie.

5 Préparez un colorant épaissi pour l'impression de la plaque. Utilisez un colorant noir Dupont (noir concentré n° 2019) mélangé à un épaississant prêt à l'emploi. Pour épaissir le colorant, on peut employer du Manutex F (voir page 43).

6 Sur une plaque en verre d'environ 25 × 20 centimètres (demandez à votre quincaillier de meuler les bords), étalez le mélange de colorant épaissi à l'aide du rouleau sur une largeur d'environ 10 centimètres. Imprégnez le rouleau du mélange, en effectuant un mouvement d'avant en arrière, pour que la couche de peinture soit étalée.

6

7

8

7 D'un mouvement uniforme d'avant en arrière, recouvrez la plaque de lino d'une épaisse couche de colorant noir. On obtient de meilleurs résultats en appliquant d'abord sur l'ensemble de la surface du lino une couche d'enduit, qui évitera au lino d'absorber le colorant. Assurez-vous que la couche d'enduit est bien sèche avant d'appliquer le colorant.

8 Retournez la plaque et posez-la avec précaution sur la soie tendue en essayant de bien la centrer. À l'aide d'une roulette (réservée à cet effet) ou d'un autre rouleau propre, appliquez une pression uniforme sur l'ensemble de la plaque pour transférer le colorant sur la soie. Prenez votre temps car cette opération est très délicate.

9 

9 Retirez doucement la plaque de lino en commençant par un coin. Évitez de donner des coups secs et de tacher le tissu imprimé.

10 L'impression sur le tissu est irrégulière, car nous avons utilisé une plaque de lino qui n'est habituellement pas destinée à cet usage. Si le tissu est trop chargé de couleur, vous ne pourrez pas peindre dessus. Laissez-le sécher complètement, puis fixez-le à la vapeur (voir page 48). Rincez à l'eau froide, lavez bien à l'eau tiède savonneuse (pour retirer toute trace d'épaississant). Rincez, faites sécher et repassez sur l'envers. Ne vous inquiétez pas si le colorant noir dégorge au lavage : ceci est normal pour les couleurs foncées.

10 

11 

11 Appliquez avec un pinceau soyeux n° 2 de petites quantités de couleur — presque sèches, en fait — et reportez-vous, pour colorier les fleurs et les tiges, à la carte postale originale. On a utilisé ici un pigment prêt à l'emploi Javana.

12

12 Pour peindre le fond noir, utilisez un pinceau plus gros (n° 12) et une peinture Javana n° 8197 (noir très foncé). Appliquez la peinture par petites touches et étalez-la délicatement avec un pinceau bien sec. Le pinceau n° 2 permet de dessiner un léger contour noir autour des fleurs et du vase, ce qui donne de la profondeur au fond et met en valeur les détails.

13

13 Pour peindre le vase, utilisez un pinceau soyeux n° 6. Pour foncer les différentes parties, appliquez plusieurs couches de couleur.

14

14 Avec le pinceau n° 2, complétez les détails.

15 Pour terminer, peignez le bord en jaune avec le pinceau n° 2 et la bordure extérieure en vert olive obtenu avec du bleu outremer (n° 8195), du jaune maïs (n° 8192) et du rouge cerise (n° 8194).

16 Les plaques de lino donnent des images vigoureuses, du fait même de la nature du découpage. Pour le vase de fleurs, nous avons opté pour l'impression la plus courante en « négatif ». Le fond n'a pas été creusé pour recevoir le mélange de colorant. C'est en peignant après l'impression que sera créé l'effet de profondeur. En revanche, on a découpé les détails pour qu'ils puissent être peints sur le tissu.

Vous pouvez réaliser des plaques de lino en « positif » : le détail du dessin est en relief pour recevoir la couleur et le fond est découpé. Vous pouvez également employer différents types de découpe pour donner plus de vigueur à votre dessin. En creusant le fond, vous laisserez inévitablement de petits morceaux de lino entre les parties découpées, ce qui créera de la matière.

Pour obtenir une impression plus claire et plus solide, placez la soie, avec précaution, directement sur la plaque enduite de couleur en appuyant de façon uniforme avant de la retirer. Pour une impression en « positif », vous pouvez utiliser soit un pigment et un liant, soit un pigment prêt à l'emploi mélangé à un épaississant. Attention, l'image imprimée sera inversée par rapport à celle représentée sur la plaque.

15

Fleur de lys

LINOGRAVURE ET POCHOIRS

La fleur de lys est un motif d'inspiration italienne. En effet, cette fleur est l'emblème de la ville de Florence, doré sur des murs d'un bleu intense patiné par les siècles. Au travers de ce motif, nous allons voir comment peindre un grand fond coloré et comment découper un pochoir simple et symétrique qui sera ensuite appliqué plusieurs fois sur la soie. Il est difficile de réaliser un fond parfaitement uniforme. Généralement, les irrégularités de la couleur créent de la vivacité et de la profondeur. Si vous souhaitez réaliser un fond parfaitement uniforme, il vaut mieux acheter des soies déjà teintes. Il existe sur le marché un vaste choix de couleurs magnifiques.

Néanmoins, si vous préférez réaliser vous-même votre fond, il faut d'abord choisir les couleurs et les mélanger au fur et à mesure. Vous pouvez vous inspirer d'un mélange découvert lors des précédents exercices, comme le vitrail, et élaborer des tons et dégradés de couleur.

Dans ce motif, nous avons utilisé deux teintes de bleu pour imiter l'effet de patine des peintures murales. Pour la dorure nous avons employé une pâte spéciale pour pochoirs : en raison de sa texture poudreuse, elle est facile à appliquer en tapotant avec la brosse. Cette pâte est disponible dans une large gamme de couleurs, y compris or et argent.

1 Avant de commencer, protégez avec une feuille plastique le sol et le mur contre lequel vous allez travailler (voir phase 4). Tendez environ 1,5 mètre de taffetas sur un grand cadre (voir page 31). Mettez de l'eau dans une assiette en émail et versez du jaune canard Dupont n° 2009 dans une autre. Après avoir enfilé des gants, un tablier et de vieux vêtements, appliquez une couche de teinture très diluée sur le tissu. Trempez alternativement dans l'eau et dans une toute petite quantité de colorant une brosse en soies de cochon, d'environ 10 centimètres. Peignez de haut en bas à coups de brosse vigoureux et réguliers. Recommencez, en utilisant cette eau légèrement colorée, jusqu'à ce que toute la soie soit détrempée. Pour cela, il est important que le tissu soit encore humide ; travaillez en continu, sans vous interrompre, sinon des cernes apparaîtront aux endroits où le colorant a séché.

1

2 Lorsque la peinture est encore humide après la première application, mettez du Côte d'Azur Dupont n° 2010 dans une autre assiette en émail et répétez la même opération en utilisant ce bleu plus foncé mélangé à du turquoise et à l'eau déjà préparée pour la première application.

2

3

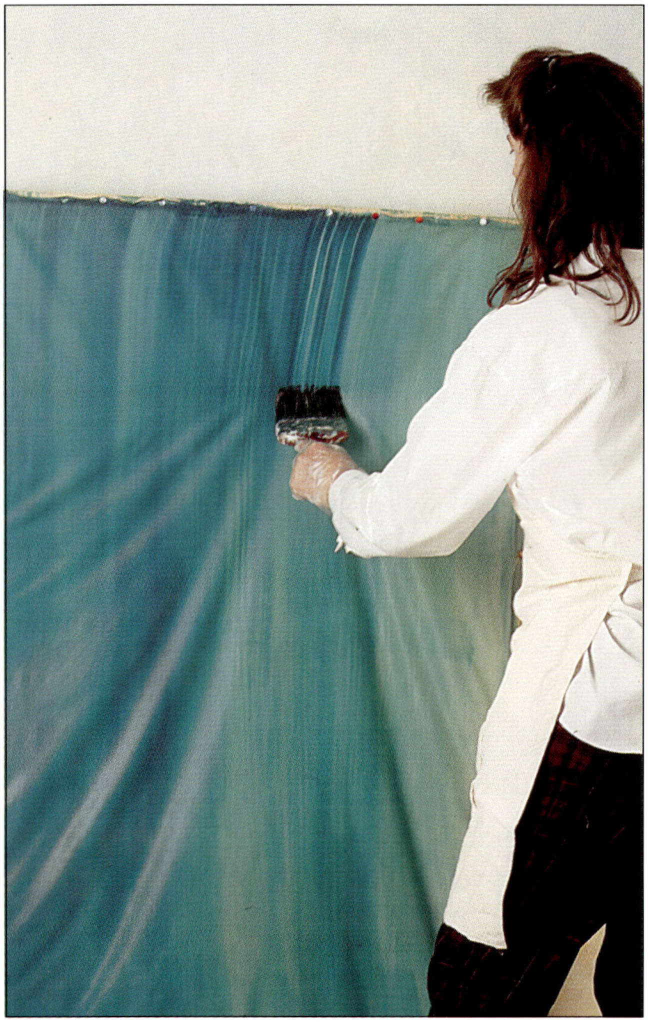

4

3 Appliquez plusieurs couches, en dosant le colorant comme vous l'entendez. Compte tenu de la raideur des poils de la brosse, vous pouvez faire des traces de couleur plus foncées sur le fond. À vous de choisir.

4 Le fond terminé met en valeur l'intensité et la profondeur des couleurs. Mais regardez l'état de votre sol ! Vous aurez sûrement des projections de peinture partout. C'est pourquoi il est nécessaire de bien protéger le sol et le mur derrière votre panneau de soie avant de peindre. Laissez sécher la soie. Fixez à la vapeur. Rincez à l'eau froide. Lavez à l'eau savonneuse tiède, puis rincez de nouveau. Laissez sécher et repassez sur l'envers.

5 À ce stade, vous pouvez préparer les pochoirs. La bordure de volutes est une interprétation très libre du modèle sur photo. Elle est dessinée au crayon sur du papier et calquée sur le carton du pochoir. Ne la découpez pas pour l'instant. Intéressez-vous d'abord à un motif plus simple : la fleur de lys.

5

6

6 Pour découper symétriquement une fleur de lys, pliez en deux, dans le sens de la longueur, une feuille de papier kraft d'environ 20 × 18 centimètres. Dessinez au crayon la moitié de la fleur (hauteur approximative : 16 centimètres).

7 La pliure sert d'axe de symétrie. Il est donc inutile de dessiner l'autre moitié.

8 Pliez le papier et découpez en suivant le dessin de la moitié de la fleur.

7

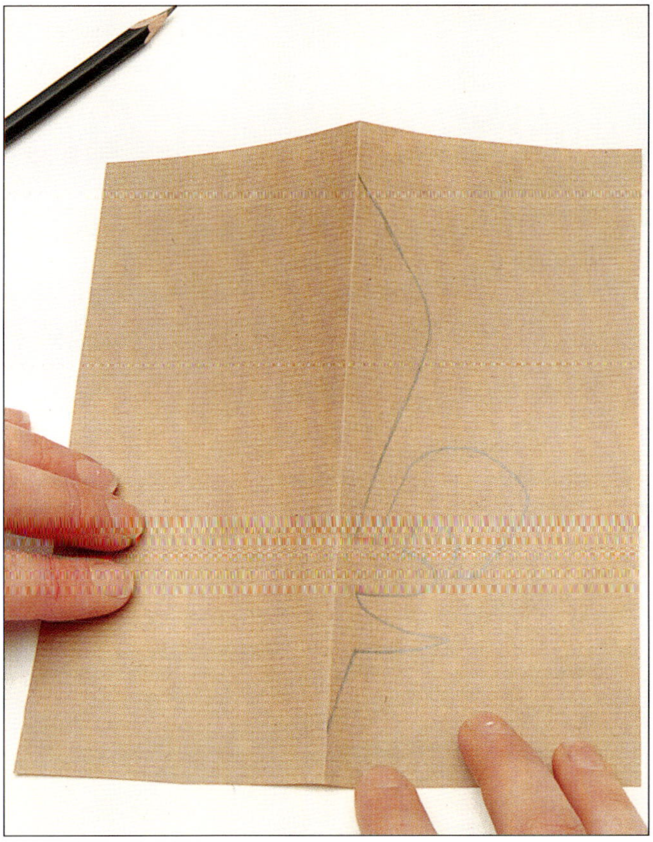

8

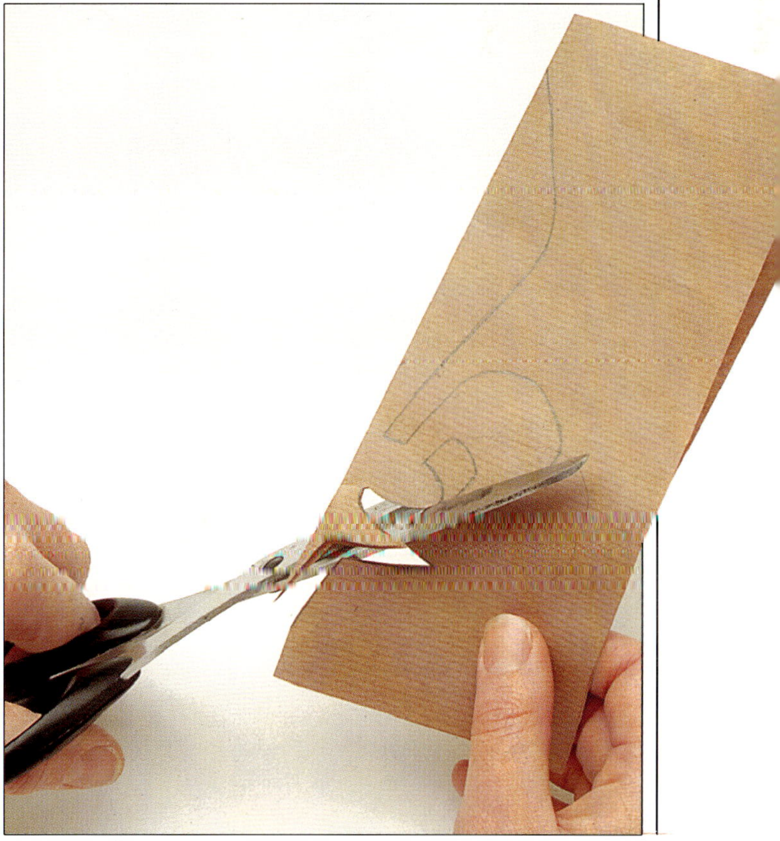

9 Dessinez sur une feuille de papier calque un quadrillage constitué de rectangles mesurant chacun 15 × 16 centimètres. Sur l'une des rangées horizontales, reproduisez le contour de la fleur de lys dans quatre rectangles séparés, en plaçant chaque fois la fleur au centre du rectangle. Dans la rangée horizontale suivante, répétez l'opération trois fois en plaçant le milieu de la fleur sur une ligne verticale, pour que chaque motif de cette rangée soit situé entre deux motifs de la rangée précédente.

9

10 Reportez les fleurs de lys sur un pochoir en carton ou en papier kraft épais. Placez le pochoir en carton sur une planche pour découper chaque fleur avec un cutter.

Par mesure de sécurité, gardez toujours la main libre DEVANT celle qui manie le cutter et coupez avec la pointe dirigée vers l'extérieur. Utilisez de préférence des cutters à lames escamotables.

10

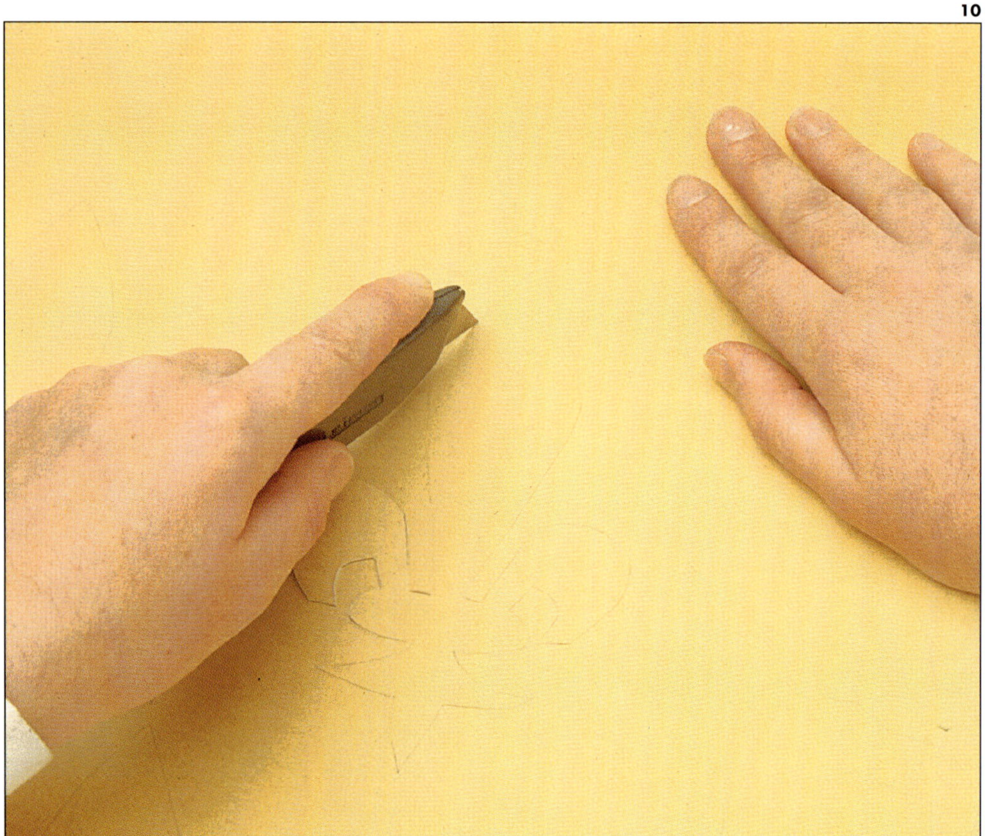

11

11 Après avoir découpé chaque fleur de lys, retirez-la du pochoir en carton. Assurez-vous qu'elle est entièrement découpée avant de l'enlever pour éviter de la déchirer. Lorsque vous aurez terminé de découper toutes les fleurs, vous serez plus à l'aise pour découper la bordure des volutes sur une autre feuille de papier.

12 Placez un morceau de feutrine ou une vieille couverture sur une surface plane — table ou grande planche — en la fixant avec du papier-cache. Prenez votre pièce de soie, lavée et repassée, et tendez-la sur le support en utilisant du ruban adhésif double face.

Centrez le pochoir de la bordure de volutes sur la soie à environ 15 centimètres du bas du tissu. Fixez-le aux angles avec du papier-cache. Appliquez avec un pinceau (moyen) de la pâte pour pochoir de couleur dorée par petites touches brèves et rapides, de haut en bas, en tapotant avec le pinceau bien perpendiculaire. Vous pouvez accentuer les effets d'ombre en appliquant plusieurs couches de pâte.

12

13

14

13 Avant de passer au pochoir de la fleur de lys, assurez-vous que vous avez bien terminé les volutes. Retirez délicatement le pochoir en soulevant les bords du carton pour éviter toute bavure. Il faut vingt-quatre heures pour que la pâte soit complètement sèche. Mais on peut continuer d'utiliser le même pochoir sans toucher la peinture fraîche.

14 Posez avec soin le pochoir de la fleur de lys au-dessus de la bordure de volutes, à une certaine distance. Fixez les bords du pochoir avec du papier-cache et procédez comme indiqué à la phase 12. Répétez l'opération autant de fois que nécessaire. La bordure de volutes inférieure pourra vous servir de point de repère. Vous pouvez rajouter une fleur de lys dans chaque grande volute du bas.

15 Cet exercice vous a montré comment réaliser un grand fond en superposant des couches de peinture encore humides et comment peindre avec un pochoir. En combinant fonds peints à la main et pochoirs, on peut obtenir de très beaux effets, que les motifs soient répétés ou pas. On peut aussi utiliser uniquement certaines parties des pochoirs.

La pâte spéciale pour pochoir convient particulièrement aux débutants car sa texture poudreuse est idéale pour tapoter sur le tissu afin d'appliquer la couleur. Avec de l'expérience, vous aurez peut-être envie d'essayer les pigments ou les colorants épaissis (n'oubliez pas de bien les fixer). Ils sont plus difficiles à employer car ils sont plus pâteux, mais vous serez agréablement surpris par les résultats.

Chapitre 6

Panneaux décoratifs

Les deux panneaux proposés dans ce chapitre s'inspirent de la tradition décorative de la peinture « grotesque ». L'un est tiré d'une fresque de Boscotrecase, près de Pompéi. L'autre panneau tente de reproduire des motifs provenant du Palazzo Farnese de Caprarola et du Palazzo Vecchio, datant de la Renaissance ; ces motifs s'inspirent des peintures murales de l'Antiquité comme celle de Boscotrecase.

Dans ces deux modèles, on a utilisé soit un pigment blanc opaque, seul ou comme base de mélange de couleurs, pour obtenir un effet pastel très différent des colorants, soit des pigments auxquels on a incorporé les liants habituels. Sur le panneau inspiré des palais de la Renaissance, le blanc opaque est un complément de la teinte naturelle de la soie écrue.

Le « panneau noir pompéien » montre comment le blanc opaque reste à la surface des fonds colorés les plus denses (un colorant serait absorbé par le fond noir, un pigment blanc avec liant ou un pigment prêt à l'emploi serait submergé par le noir sans laisser de trace).

Dans les deux cas, on a utilisé une palette en demi-teinte qui crée des tons subtils, peu contrastés.

Motifs de la Renaissance

PANNEAUX DÉCORATIFS

La décoration « grotesque » de cette fresque de la Renaissance s'est inspirée des découvertes des peintures murales de l'Antiquité. L'effet du temps a atténué l'éclat des couleurs vives souvent utilisées pour ces peintures.

Nous avons choisi ici une soie tussor écrue pour sa trame légèrement irrégulière et sa belle couleur crème.

Tous les produits utilisés pour la réalisation de ce modèle, y compris les feutres, sont à base de pigments, ce qui en facilite le fixage. Les feutres spéciaux pour tissu sont pratiques car ils permettent de dessiner directement sur le tissu avec une couleur qui se fixe simplement au fer à repasser. Les lignes tombantes, les arabesques, volutes ou hachures, faciles à dessiner, élargissent la gamme des techniques de la peinture sur soie. Dans ce modèle, ces lignes sont la base de la composition. Elles sont ensuite camouflées avec un pigment qui atténue leur allure trop géométrique.

1 À partir du motif de référence, esquissez sur le papier différents éléments inspirés des peintures murales, de manière à créer une longue composition rectangulaire. Cette esquisse peut servir de modèle pour votre réalisation. Faites un dessin à main levée, sinon, reproduisez l'illustration de la phase 6.

1

2 Si vous êtes sûr de vous, dessinez directement sur la soie au crayon 2B à partir de l'esquisse. Prenez un tissu d'environ 120 × 60 centimètres et tendez-le sur une planche rembourrée (voir page 32) d'au moins 130 × 70 centimètres. Dessinez sans trop appuyer pour pouvoir éventuellement gommer sur la soie. Ne vous inquiétez pas si vous ne parvenez pas à effacer toutes les erreurs.

Si vous ne souhaitez pas dessiner directement sur le tissu, réalisez d'abord le dessin sur une feuille de papier de mêmes dimensions que la soie (collez plusieurs feuilles ensemble ou utilisez un rouleau de papier) et tracez toute la composition au crayon à papier. Découpez les principales arabesques sans les séparer. Fixez la feuille sur la soie avec du papier-cache puis dessinez légèrement sur la soie avec un crayon 2B, en suivant le contour des formes découpées.

2

3 Après avoir dessiné les formes principales, commencez à découper le papier vers l'intérieur pour dessiner le contour des autres volutes. Ne découpez pas tout le dessin en même temps, vous ne pourrez plus le maintenir en place. Découpez petit à petit et tracez les contours au fur et à mesure.

3

4 Lorsque les parties principales sont tracées, il est plus facile d'y ajouter les détails à main levée.

5 Avec un marqueur Javana pour tissu (marron n° 90608), dessinez sans hésiter des lignes franches. Vous pouvez vous entraîner sur du papier avec un feutre ordinaire.

4

5

6

6 Voici la composition finale au cas où vous souhaiteriez vous en inspirer.

7

7 Avec le côté plat d'un crayon à la cire blanc, en travaillant sur l'ensemble de la composition, coloriez légèrement l'intérieur des arabesques, des volutes, du masque, etc.

8

9

8 Appliquez une fine couche de blanc opaque Bricoprint T sur les zones coloriées avec un pinceau soyeux de 2,5 centimètres.

9 Si le blanc s'épaissit trop, grattez-le tant qu'il est encore humide avec une spatule en plastique.

10 À l'aide d'un petit pinceau soyeux n° 2, repassez légèrement sur certains contours avec du blanc opaque.

11 Avec un pinceau soyeux n° 6, faites ressortir les parties claires avec du blanc opaque et de petites quantités de jaune G à l'alizarine et de rouge BT. Préparez les mélanges dans l'assiette en émail, au fur et à mesure de vos besoins. Ajoutez peu à peu le jaune au blanc.

10

11

12 Posez sur la pointe d'un pinceau soyeux n° 6 une petite quantité de marron TT à l'alizarine, et ajoutez-y un peu du blanc qui se trouve dans l'assiette. Utilisez une touche de noir TT à l'alizarine mélangé au blanc dans l'assiette pour réaliser un dégradé sur les parties de la composition qui, en fonçant, feront ressortir la forme des arabesques. Si le pigment blanc et les couleurs sèchent vite dans l'assiette, vaporisez un peu d'eau avec un vaporisateur pour plantes. Les couleurs prendront un aspect déroutant, mais vous pourrez continuer à les utiliser. Si vous laissez les couleurs dans l'assiette, couvrez-la avec du film transparent. Le blanc opaque sèche très vite. Mieux vaut en distiller de petites quantités au fur et à mesure.

12

13 Avec un marqueur Javana pour tissu (noir n° 90618) soulignez délicatement les contours de manière à faire ressortir les lignes courbes.

13

14

14 Si le noir semble trop vif, atténuez-le avec un peu de blanc opaque appliqué au pinceau n° 6.

15 À ce stade, prenez du recul. Est-ce que le jeu d'ombres et de lumière fait bien ressortir les lignes sinueuses et les volutes ? Continuez de travailler sur les zones d'ombres et de lumière jusqu'à ce que la pièce ait acquis une grande fluidité de mouvement.

15

16 Une fois achevée, la pièce doit avoir une belle harmonie de rythmes. L'ombre et la lumière doivent mettre en valeur les lignes courbes de la composition. L'effet général est assez léger ; seules contrastent les parties peintes et la beauté naturelle du tissu. Cet exercice vise à vous inciter à exploiter au mieux les tons naturels de la soie, au lieu d'essayer de forcer la nature du tissu en y appliquant des couleurs tranchées.

16

Panneau noir pompéien

PANNEAUX DÉCORATIFS

Ce modèle est inspiré d'une fresque exposée au Metropolitan Museum of Art de New York qui présente une vaste collection de « fragments », de dimensions respectables, de peintures murales provenant des fouilles de Boscoreale et de Boscotrecase, à proximité de Pompéi. S'agissant de fragments, certaines de ces pièces ressemblent à des peintures abstraites dont les couleurs intenses se seraient estompées avec le temps. De nombreux fragments présentent des détails architecturaux et des motifs qui s'inspirent de la nature.

Exception faite de la décoration, l'un des aspects les plus frappants de ces peintures réside dans la texture du mur et la profondeur de la couleur, encore visibles de nos jours, même dans les fresques dont le fond est très foncé.

Pour ce modèle, nous avons choisi de la bourre de soie. C'est une soie mate très fluide, gracieuse, qui présente un beau drapé. De plus, elle possède une texture particulière avec son moucheté et sa légère rugosité qui rappelle la pierre. La bourre est le tissu idéal pour ce panneau à fond noir, car sa texture arrête le pinceau avec lequel vous appliquez le pigment blanc opaque, lui donnant l'impression de patine recherchée.

1

2

1 Tendez un carré de bourre de soie d'environ 90 × 90 centimètres sur un petit cadre (voir page 31). N'oubliez pas de mettre des gants en caoutchouc. Avec un pinceau plat soyeux de 6 centimètres, appliquez la gutta transparente à grands coups çà et là sur la soie, sans couvrir tout le tissu, pour donner au fond un effet de patine. Laissez sécher la gutta.

2 Utilisez ici un pigment prêt à l'emploi Javana. Dans une assiette en émail, mélangez du turquoise (n° 8113), du bordeaux (n° 8117) et du jaune soleil (n° 8122) pour obtenir un gris bleu-vert. Faites des essais de couleur à part sur une chute de soie.

3

3 En trempant légèrement dans une assiette d'eau votre pinceau plat soyeux de 6 centimètres, déjà imprégné de couleur, couvrez la soie à coups de pinceau rapides. Étalez le mélange de droite à gauche et de haut en bas. Trempez alternativement le pinceau dans la couleur et dans l'eau. Superposez les couches de teinture et de détrempe pour que la couleur fonce tout en gardant une certaine consistance. Laissez sécher complètement.

4

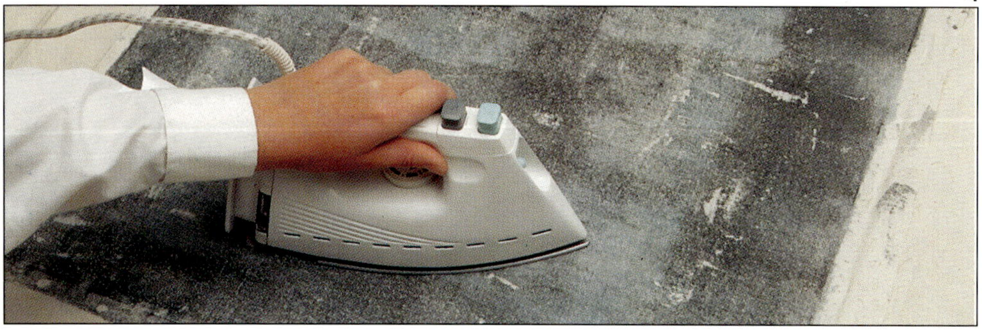

4 Lorsque la soie est parfaitement sèche, enlevez-la du cadre et repassez-la pendant trois minutes, sur l'envers, au fer chaud (thermostat coton). Lavez à l'eau savonneuse tiède, rincez, faites sécher et repassez sur l'envers.

5

5 Tendez de nouveau la soie sur le cadre. Mélangez du noir TT à l'alizarine et du liant Bricoprint SF20 dans une assiette en émail de manière à obtenir un noir très dense. Peignez sur toute la soie à grands coups de brosse 6 centimètres, en la trempant au fur et à mesure dans l'eau, jusqu'à ce que la totalité de la surface soit couverte. Laissez bien sécher. Le panneau doit être désormais bien sombre.

6 Lorsque la soie est bien sèche, fixez la couleur en repassant le tissu sur l'envers pendant trois minutes au fer chaud (thermostat coton). Lavez-le à l'eau savonneuse tiède, rincez-le, faites-le sécher, repassez-le sur l'envers et tendez-le de nouveau sur le cadre. Maintenant, la soie devrait être plus pâle mais la texture de la patine commence à apparaître sur le fond.

6

7

7 Répétez les phases 5 et 6, une fois ou deux jusqu'à ce que la surface — après fixage, lavage et repassage — rappelle, par son aspect, les tableaux noirs de notre enfance.

8 Posez la soie sur une planche rembourrée d'au moins 100 × 100 centimètres. Fixez-la avec du papier-cache. Avec une craie pour couturier et une règle, tracez une ligne verticale au milieu.

Sur le bord supérieur, mesurez 24 centimètres à droite de la ligne centrale et tracez une ligne verticale d'une longueur de 34 centimètres, parallèle à la précédente. Laissez la règle sur la soie. Mesurez 29 centimètres, en descendant, et tracez une ligne verticale à partir de ce point jusqu'au bord inférieur de la soie. À l'endroit où la ligne est interrompue, mesurez 7 centimètres à droite de chacun des deux points et tracez une ligne horizontale de 7 centimètres. Reliez ces deux lignes horizontales par une ligne verticale de 29 centimètres.
Répétez l'opération côté gauche. Tracez à la craie deux lignes de chaque côté de la ligne centrale, pour obtenir une bande de 3 centimètres.

9 Avec une brosse soyeuse n° 6 et du blanc opaque Bricoprint T ou tout autre blanc opaque pour tissu, commencez à peindre à grands coups de brosse la bande centrale en utilisant le blanc en couches épaisses et en ajoutant, au besoin, un peu d'eau sur le pinceau pour diluer le blanc. Laissez transparaître le fond noir par endroits. Ajoutez un peu de marron tant que le blanc est encore humide. Employez la peinture Javana marron (n° 8107) sur le blanc humide pour ombrer et peindre les détails des motifs en haut.

8

9

10 Une fois la bande centrale terminée, peignez les lignes verticales latérales en procédant de la même façon, avec un petit pinceau soyeux n° 00, en appliquant du blanc opaque et du marron. Le blanc couvrira les traits de craie sur une largeur d'environ 1 centimètre. Tracez au pinceau deux lignes verticales à une distance de un demi-centimètre, pour peindre ensuite l'intérieur. Pour obtenir des lignes parfaitement droites, servez-vous de la règle (tenez le pinceau contre la règle). On pourra procéder de la même façon pour les bords de la bande centrale. Pour créer l'illusion de l'usure du temps sur la peinture, évitez les coups de pinceaux trop réguliers et espacez bien les traits blancs.

10

11 Appliquez un peu de marron dans les espaces peu blanchis, en débordant légèrement par endroits sur le blanc suivant.

11

12 Au milieu de l'espace situé entre la bande centrale et les lignes verticales de 29 centimètres, tracez en blanc une ligne droite verticale, avec un pinceau n° 00, et une règle, mesurant 10 centimètres. Faites de même de l'autre côté de la bande centrale. À la base de cette nouvelle ligne, dessinez un petit cercle. Tracez à la craie une ligne courbe reliant les feuilles de la bande centrale au cercle situé à la base de la ligne verticale de 10 centimètres, et peignez-la avec du blanc mélangé à une touche de marron. En travaillant d'un seul côté, esquissez les contours de l'oiseau à la craie (voir l'illustration de la phase 15) puis repassez-les avec un pinceau n° 00. Laissez sécher.

12

13 Peignez l'intérieur de l'oiseau (voir phases 15 et 16), dessinez puis peignez les lignes courbes qui le relient à la bande centrale. Reportez sur du papier calque les contours de l'oiseau, puis découpez le corps et les ailes (mais pas autour du cou).

13

14

14 Placez le modèle de l'oiseau de l'autre côté de la bande centrale. Peignez les contours du modèle à l'aide du pinceau n° 00, imbibé de blanc opaque, en appuyant très légèrement. Après avoir tracé les lignes du corps, des ailes et de la tête de l'oiseau, découpez les contours du cou et replacez le modèle sur le tracé déjà réalisé sur la soie. Appliquez une couche légère de blanc opaque avec un pinceau n° 00, en suivant le bord.

15

15 Peignez le corps de l'oiseau en commençant par le blanc opaque qui sera appliqué grossièrement, pour que le fond se voit par endroits.

16

16 On peut ajouter des ombres, en peignant sur la couleur précédente encore humide, et peindre des détails (yeux, bec, plumes des ailes, pattes) avec le marron. Donnez toujours des coups de pinceaux légers sans trop charger le pinceau pour que le fond noir crée une impression d'ombre par transparence.

17 Avec la tranche plate d'un crayon à la cire noir, ombrez le fond de manière à foncer le noir autour des détails pour micux les souligner.

17

18

18 Avec la pointe du crayon à la cire noir, repassez très près des détails puis, par des traits rapides, retouchez grossièrement les bords du fond qui ne sont pas droits, en raison de la tension du tissu sur le cadre. Vous constaterez que la texture grossière de la bourre résiste au crayon à la cire en donnant cet effet de patine que nous cherchions au début. À la fin, repassez au fer chaud (thermostat coton) pendant trois minutes sur l'envers.

19 Cette réalisation montre bien la différence entre les coups de brosse longs et francs, utilisés pour le fond, et la peinture délicate des détails. Elle peut influencer vos créations ultérieures, plus centrées sur les effets de matière des grandes pièces tissées ou, au contraire, sur la minutie de la peinture des détails.

Il se peut également que vous découvriez d'autres possibilités en peignant tantôt les fonds tantôt les détails. Il est vrai que la bourre de soie utilisée ici absorbe la couleur et donne un effet très différent de celui produit par le taffetas employé pour la fleur de lys. À ce stade, vous vous êtes sûrement déjà fait une idée des différentes techniques de peinture sur soie et de la qualité de l'étoffe qui leur est la plus adaptée.

19

Chapitre 7

La peinture

Lors des réalisations proposées dans les trois chapitres précédents, nous avons utilisé trois types de produits différents sur des textures d'étoffes particulières pour obtenir les meilleurs effets. Nous allons maintenant voir comment tirer parti de la qualité d'une soie et des produits appropriés pour que le tissu serve de fond et donne l'effet de la peinture.

Le premier modèle, l'icône, fait appel à des techniques très simples et conviendra parfaitement au débutant. Nous vous le recommandons vivement surtout si l'un des précédents modèles vous a paru un peu difficile. Ici, nul besoin de métier, pour le dessin ou le travail au pinceau. La méthode utilisée est très simple. Des résultats surprenants peuvent être obtenus avec peu de contraintes techniques.

En revanche, dans le modèle suivant, inspiré d'un autre fragment de fresque pompéienne exposée au Metropolitan Museum of Art, les techniques mises en œuvre sont un peu plus complexes. Cet exercice fait appel à différents moyens déjà exposés : les colorants, pour créer un fond intense et flamboyant, la couleur mélangée au liant et le blanc opaque mélangé à la couleur, pour peindre par-dessus le fond.

Dans ces deux modèles, la vitalité de votre création repose essentiellement sur le caractère de l'étoffe.

L'icône

LA PEINTURE

Le modèle proposé ici est inspiré de la peinture d'icônes. Les icônes anciennes, qui représentaient souvent une vierge à l'enfant ou des saints, sont parfois en mauvais état. Elles sont abimées et les couleurs ont perdu de leur éclat. C'est l'effet de patine, de matière usée, qui nous intéresse dans cet exercice.

On peut transférer directement sur le tissu des modèles photocopiés en suivant les instructions des fabricants. Ici, cependant, la méthode a été modifiée. Nous avons souhaité obtenir une image un peu patinée qui ressemble à une icône ancienne. De nos jours, on peut travailler à partir de photocopies en couleur ou en noir et blanc, comme dans ce modèle où l'image a été colorée avec un pigment prêt à l'emploi.

À la photocopie, les couleurs de cette icône se sont révélées plus foncées que sur l'original. N'oubliez pas que le procédé de transfert se traduit sur le tissu par une image inversée par rapport à l'original. Si on veut que l'image ne soit pas inversée (dans le cas où, par exemple, elle comporte des inscriptions), il faut s'en assurer lors de la reproduction. Il est possible de faire une copie sur acétate, de l'inverser et d'en faire une nouvelle copie sur papier pour l'utiliser lors du transfert sur soie. En cas de problème, demandez conseil auprès du magasin ou de la société auquel vous vous adressez.

Choisissez une soie chevron. Les boudins irréguliers et les stries délicates de son tissage s'allient parfaitement à la coloration du fond et mettent en valeur les pigments dorés. Elle est idéale pour obtenir un contraste entre l'image transférée sur le tissu et la soie à l'endroit où il n'y a pas de dessin.

1

2

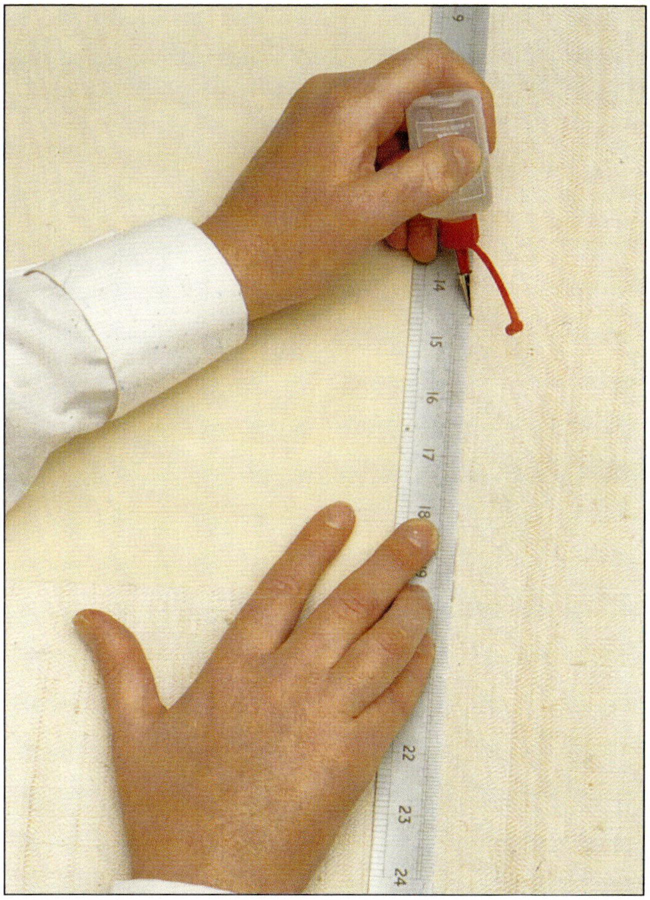

1 Tendez une pièce de soie chevron de 76 × 50 centimètres sur une planche rembourrée (voir page 32) d'au moins 86 × 60 centimètres. En utilisant du papier-cache (5 centimètres), délimitez la partie centrale de la soie sur un rectangle de 38 × 26 centimètres. Commencez à 20 centimètres du bord supérieur du tissu.

2 Mettez tout autour du rectangle de la gutta transparente à l'aide d'une pipette à embout (voir page 45), en utilisant comme guide une règle posée sur le bord de la bande de papier-cache. Ce serti de gutta évite en grande partie à la couleur qui sera ensuite appliquée de déborder des contours ainsi délimités.

3

4

3 Utilisez un pigment prêt à l'emploi Javana marron (n° 8107) avec un peu de rouge cerise (n° 8194) et du jaune soleil intense (n° 8122) mélangés dans une assiette en émail et une brosse grande largeur (10 centimètres). Trempez d'abord la brosse dans l'eau, puis dans le marron. Peignez la soie à coups de brosse perpendiculaires et réguliers, de haut en bas, en recouvrant même la bande de papier-cache. Répétez l'opération dans l'autre sens, puis laissez bien sécher. Retirez la bande de papier-cache.

4 Repassez (thermostat coton) sur l'envers pendant trois minutes, pour fixer. Rincez à l'eau froide, lavez à l'eau savonneuse tiède, rincez, laissez sécher et repassez sur l'envers.

5

5 Tendez de nouveau la soie sur la planche rembourrée. Versez un peu de pigment doré prêt à l'emploi dans une assiette en émail Javana or clair (n° 814750) et appliquez-le sur la soie à l'aide d'une spatule en plastique d'une largeur de 5 centimètres, à la verticale par rapport au fond marron. Attention à bien s'arrêter au bord. Il n'est pas nécessaire, ici, de masquer de nouveau le tissu car, avec cette technique, il est très facile de maîtriser l'application de la peinture dorée.

6

6 Appliquez le pigment prêt à l'emploi Javana cuivre (n° 813350) sur la peinture dorée, qu'elle soit encore humide ou déjà sèche, en vous inspirant de l'icône originale ; commencez par les parties les plus foncées du bord. Les lignes peuvent être tracées à l'aide d'une règle. N'oubliez pas de nettoyer la règle avec un chiffon après avoir tracé chaque ligne pour éviter les bavures. Vous pouvez utiliser différentes teintes d'or pour donner de l'intensité. Laissez sécher.

7 Choisissez l'image photocopiée que vous préférez. N'oubliez pas que, sur la soie, l'image sera inversée par rapport à l'original. Placez la photocopie à l'endroit, l'image vers vous, sur une feuille en plastique ou en aluminium. Appliquez du Dylon Colorfun Image Maker sur la photocopie avec un pinceau plat dur de 2,5 centimètres. Variez l'épaisseur de l'Image Maker en veillant à appliquer une couche assez épaisse là où l'image sera plus foncée, c'est-à-dire sur les parties que vous souhaitez transférer parfaitement, et une couche fine sur les parties que vous entendez ensuite atténuer pour obtenir l'effet de patine sur la pièce terminée (en général en haut, en bas et sur les côtés). Réalisez cette opération (ainsi que les opérations 8 à 15) sur un morceau de calicot avant de l'exécuter sur la soie pour vous entraîner.

7

8

9

8 Dès que vous avez recouvert la photocopie avec l'Image Maker, centrez-la soigneusement à l'envers, sur la soie, en veillant à ce qu'elle coïncide exactement avec les bords dorés. Lavez immédiatement le pinceau à l'eau.

9 Couvrez la photocopie avec du papier essuie-tout et passez un rouleau (réservé uniquement à la peinture), pendant une minute, sur toute la surface, dans toutes les directions. Appuyez bien uniformément sur le papier essuie-tout sans toucher à la photocopie qui doit maintenant adhérer à la soie. Laissez sécher environ deux à trois heures. Si vous voulez que l'image soit parfaitement transférée, suivez les instructions du fabricant et, si nécessaire, laissez sécher toute la nuit.

10

10 Avec une éponge légèrement humide, humidifiez le dos de la photocopie, du centre vers l'extérieur. Le papier foncera peu à peu en absorbant l'eau de l'éponge.

11 Lorsque le papier est imbibé, commencez à frotter avec votre doigt à partir du centre. Si le papier résiste, humidifiez encore un peu et laissez pénétrer l'eau.

11

12

12 Le papier se décolle peu à peu par petits morceaux, ce qui permet de l'enlever plus facilement.

13

13 Sans laisser complètement sécher l'Image Maker (phase 9), notamment à l'endroit où vous avez appliqué une fine couche (phase 7), frottez et grattez ici et là pour imiter l'usure d'une icône ancienne. Pour ce faire, détrempez le papier petit à petit et frottez avec l'éponge.

14 Lorsque l'image est bien sèche, il reste encore un peu de papier. Il est blanc et rêche.

15 Détrempez de nouveau l'image avec l'éponge, en frottant jusqu'à faire disparaître toute trace de papier. Laissez sécher.

14

15

LA PEINTURE

16 Versez les pigments prêts à l'emploi Javana rouge cerise (n° 8194), bleu outremer (n° 8195), jaune soleil intense (n° 8122), marron (n° 8107) dans une palette à petits godets avec un compte-gouttes. À l'aide d'un pinceau soyeux n° 3, commencez à peindre l'image avec des couleurs très diluées. Si elles vous semblent trop vives à la première application, essuyez-les avec un peu de papier absorbant pour les atténuer.

16

17

17 Appliquez les couleurs plus foncées par couches en les diluant moins. Lorsque la partie peinte est sèche, fixez-la avec un sèche-cheveux. Ne repassez pas au fer chaud directement sur l'image transférée. Repassez sur l'envers, comme le tissu est épais, pour lui donner plus de tenue à la fin.

18 La soie chevron donne un charme unique à cette pièce. En choisissant le modèle à reproduire et la qualité de la soie, vous réfléchirez également à la méthode de transfert et au type de produit nécessaire. Vous vous apercevrez que chaque élément, apparemment anodin, participe à la réussite de cette pièce. Vous aurez peut-être envie de prendre vous-même des photos et de réaliser vos propres projets, à partir de sujets figuratifs ou abstraits.

Panneau rouge pompéien

LA PEINTURE

Ce modèle s'inspire d'un fragment trouvé lors des fouilles de Boscoreale, près de Pompéi. Contrairement au modèle de peinture murale avec fond noir de Boscotrecase (chapitre 6), ces fragments nous indiquent que les peintures originales de Boscoreale avaient des couleurs lumineuses et étaient riches en détails architecturaux et figuratifs. Bien que ces peintures remontent vraisemblablement au premier siècle av. J.-C., elles ont gardé un réel éclat. Ces couleurs vives et la texture de la fresque vieillie avec le temps ont motivé le choix de ce modèle.

Tout comme pour le « panneau noir pompéien », nous avons préféré la bourre de soie en raison de sa surface légèrement rêche et granuleuse, et sa grande capacité à absorber la couleur. La bourre ressemble un peu au calicot. Cependant, lorsqu'elle est peinte avec un colorant — comme le fond, ici — les couleurs acquièrent une intensité inégalée sur d'autres tissus.

On applique les colorants du fond géométrique en posant des repères avec le papier-cache. Une fois le fond fixé à la vapeur, les détails figuratifs sont peints par-dessus avec de l'alizarine mélangée à un liant et avec du blanc opaque mélangé à de l'alizarine. La couleur mélangée au blanc opaque reste bien visible sur la surface du fond coloré, tandis que la couleur mélangée au liant fuse davantage.

1 Tendez une pièce de bourre de 76 × 60 centimètres sur une planche rembourrée d'au moins 86 × 70 centimètres (voir page 32). Enfilez des gants en caoutchouc et, avec un pinceau plat et soyeux (6 centimètres) et de la gutta transparente, balayez le fond à grands coups pour le laisser apparaître en dessous. Le but est d'imiter la surface usée, vieillie, de la peinture murale en se servant de la texture du tissu comme un frein au colorant. Veillez à ne pas couvrir la soie par endroits. Laissez sécher.

2 Masquez les côtés de la pièce de tissu avec une bande de papier-cache. Sur chacune des deux longueurs, posez à nouveau une bande de papier-cache sur 5 centimètres à environ 2,5 centimètres à l'intérieur du bord masqué, parallèlement. Préparez du rubis Dupont (n° 2005) dans une assiette en émail. Dans une autre assiette, mettez du Manutex F (mélangé, conformément aux instructions de la page 43). Trempez un pinceau plat et soyeux (6 centimètres), dans le mélange Manutex, puis dans le colorant. Appliquez le colorant sur la soie à grands coups de brosse rapides en laissant apparaître le tissu par endroits. Trempez alternativement la brosse dans le Manutex et dans le colorant et appliquez au fur et à mesure. Saupoudrez de gros sel le colorant rouge encore humide (utilisez ici Deka Effektsalz) (voir phase 4). Le sel absorbe la couleur en séchant, donnant un effet chiné. Laissez sécher, puis enlevez le sel.

1

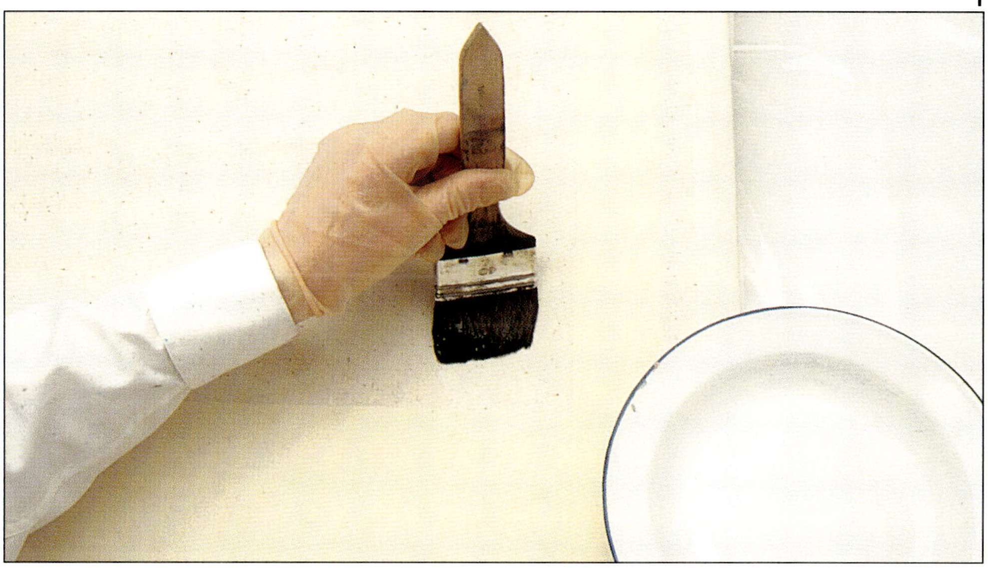

2

3

3 Retirez le papier-cache. Vous avez de chaque côté une bande verticale de 5 centimètres de soie propre. Recouvrez les bords des deux bandes (en haut, en bas, sur les côtés). Avec du jaune de chrome Dupont (n° 2000), dilué à l'eau dans l'assiette en émail et du Manutex F, procédez comme précédemment et peignez les bandes jaunes à grands coups. Appliquez également un peu de colorant jaune sur le fond rouge.

4

4 Quand le colorant est encore humide, saupoudrez de gros sel et laissez bien sécher.

5

6

5 Retirez le papier-cache. Assurez-vous que les bandes jaunes sont bien sèches. Couvrez-les avec du papier-cache (5 centimètres). En laissant un espace de 2,5 centimètres, posez du papier-cache (5 centimètres) parallèlement à la bande déjà collée. Répétez l'opération de l'autre côté. Sur chaque largeur, mettez une bande de papier-cache, parallèle au bord, en laissant un espace de 2,5 centimètres. Mélangez un peu de jaune canard Dupont (n° 2009) et de noir concentré (n° 2019) à du rubis (n° 2005) dans une assiette en émail. Ajoutez-y du Manutex F pour rendre le mélange épais et pâteux, tout en restant facile à appliquer. À l'aide d'un pinceau plat et soyeux (6 centimètres), peignez à grands coups les espaces entre les bandes de papier-cache. Laissez sécher. Le Manutex rend la soie rigide.

6 Fixez à la vapeur. Rincez à l'eau froide, lavez bien à l'eau savonneuse tiède pour retirer toute trace de Manutex. Rincez jusqu'à ce que l'eau soit claire. Laissez sécher et repassez sur l'envers. Lorsque le Manutex est éliminé, la soie est de nouveau douce et souple. Ne vous inquiétez pas si la soie dégorge au lavage. Tendez-la de nouveau sur le cadre. L'effet de la couleur sur la soie est plus doux et la texture, plus résistante. À l'endroit où la couleur a été appliquée par grands coups de pinceaux et saupoudrée de gros sel, les teintes sont plus claires.

7 Avec de la craie pour couture, esquissez la position de la guirlande et la forme du vase.

7

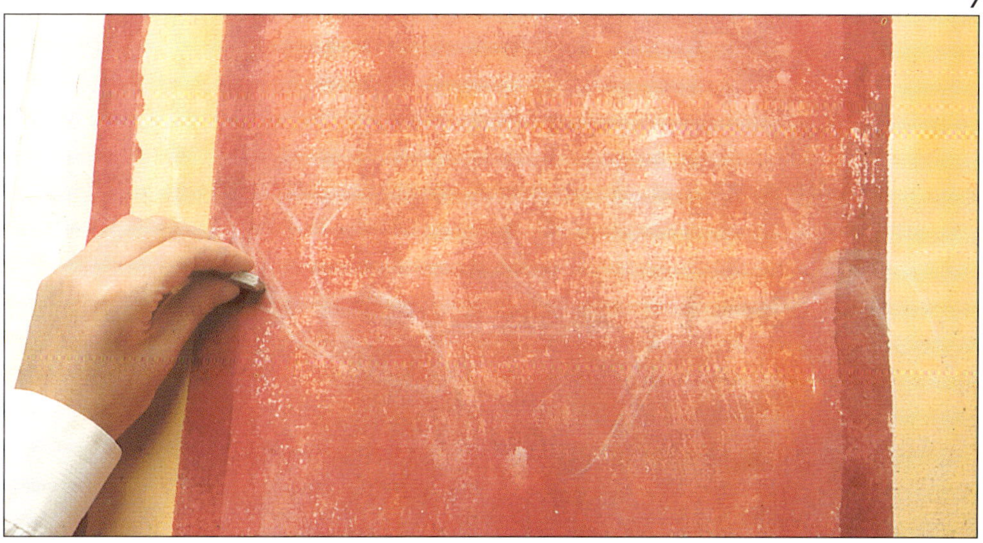

8 Mélangez du rouge alizarine BRT au liant Bricoprint SF20 pour obtenir un rouge écarlate brillant (comme indiqué page 42).

9 Ajoutez peu à peu du bleu alizarine RT, jusqu'à obtenir une couleur rouge sang.

8

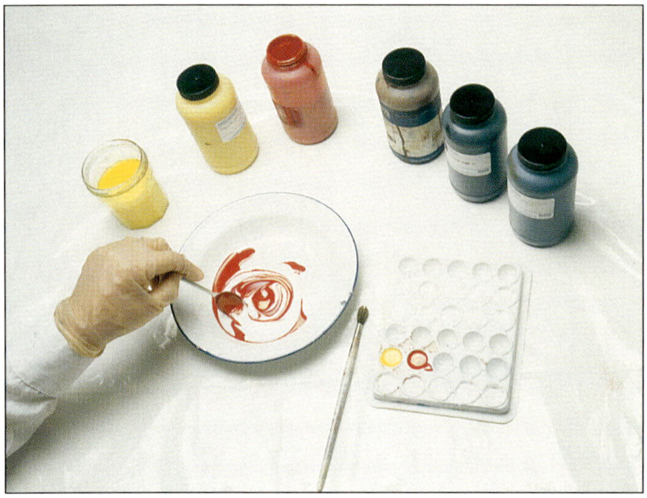

9

10

11

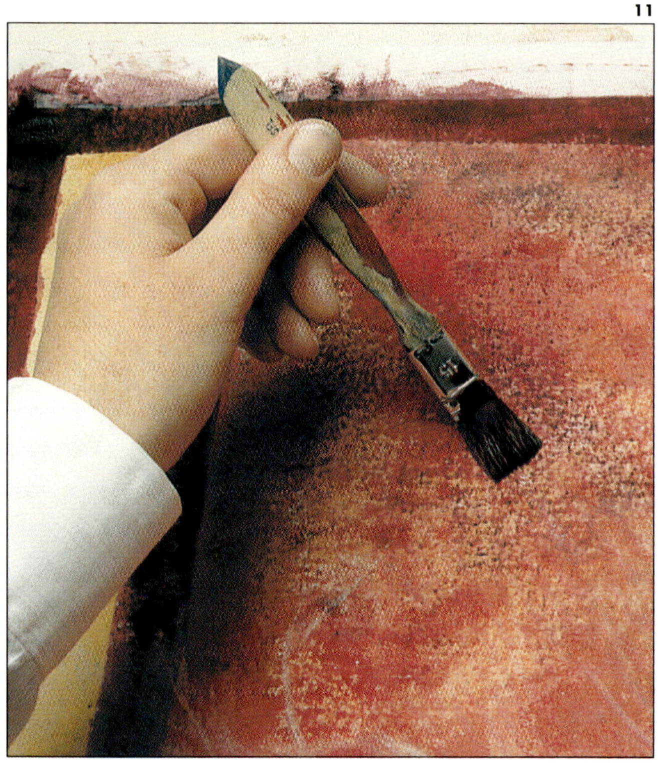

10 Posez du papier-cache comme indiqué à la phase 5. Appliquez sur le bord rouge le mélange rouge sang, avec un pinceau plat et soyeux (1,5 centimètre), en peignant irrégulièrement dans le sens de la longueur.

11 Avec la même couleur et le même pinceau, repassez sur le fond par petites touches en effleurant le tissu, notamment dans les coins. Laissez sécher puis enlevez le papier-cache.

12

12 Préparez une teinte couleur moutarde dans une assiette en émail, en mélangeant du jaune G alizarine, du rouge RT et du marron TT au liant Bricoprint SF20. Appliquez irrégulièrement la couleur

13

moutarde ainsi obtenue sur les lignes rouges à l'aide d'un pinceau plat et soyeux (1,5 centimètre).

13 Dans une palette à petits godets, mélangez en petites quantités les autres couleurs dont vous avez besoin : des gris, des verts, du rouge sang pour ombrer, du moutarde et du beige. Utilisez des couleurs à l'alizarine et préparez de toutes petites quantités pour chaque couleur, en les additionnant de liant Bricoprint SF20. Mélangez ensuite des combinaisons similaires de couleur en ajoutant du blanc opaque T Bricoprint à la place du liant. N'oubliez pas que les couleurs à l'alizarine sont très concentrées. Pour ces tons estompés, on prépare de toutes petites quantités de couleur sur le bout d'un pinceau soyeux n° 2. Travaillez bien le mélange jusqu'à obtenir la nuance voulue.

14

14 Mélangez également du beige et du blanc opaque T Bricoprint et du marron TT à l'alizarine et appliquez-les légèrement sur le fond avec un grand pinceau plat et soyeux.

15

15 Reprenez le pinceau n° 2 pour peindre la base de la guirlande. Commencez par les endroits où elle ressemble à du tissu noué, des deux côtés et au milieu.

16

16 Utilisez l'image de référence pour localiser l'emplacement de ces nœuds. Il est plus facile ensuite de travailler sur les feuilles et les fruits.

17

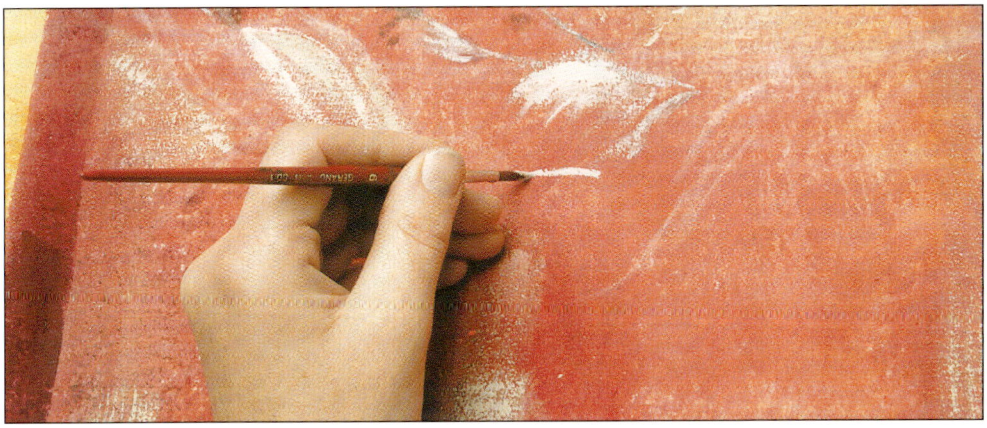

17 Avec le même pinceau soyeux n° 2 et des nuances de beige, repérez et peignez d'autres points bien visibles de la guirlande : par exemple les épis de blé et le feuillage.

18

18 Avec un pinceau plat et soyeux n° 6, commencez à peindre certains groupes de feuilles d'un vert plus foncé ou gris.

19 À ce stade, il est plus facile de peindre les grappes de fruits, grâce à la profondeur que le colorant donne au fond. Utilisez un pinceau soyeux n° 6 et des couleurs mélangées à du liant et à du blanc opaque. Lorsque la couleur du fruit se confond avec le fond jaune, laissez apparaître le jaune sous la nouvelle couche qui va rehausser le fruit. Utilisez du rouge sang pour les ombres. Lorsque le fruit se confond avec le rouge du fond, ombrez de nouveau avec du rouge sang (les teintes les plus foncées étant réservées au contour). Donnez des coups de pinceau légers pour que le fond apparaisse. Enfin, appliquez les rehauts en utilisant les couleurs les plus lumineuses mélangées à du blanc opaque.

19

20

20 Prenez un grand pinceau plat et soyeux (2,5 centimètres) pour réaliser les plus grandes feuilles et conserver la légèreté d'ensemble.

21

21 Une fois peinte la plus grande partie de la guirlande, commencez à peindre le vase. Comme le fond suggère déjà le volume, il suffit de rajouter quelques touches de rouge sang sur les bords. Esquissez la forme du vase avec des contours foncés, à coups de pinceaux légers.

22 Maintenant, ombrez légèrement. Il suffit d'un peu de rouge sang, appliqué avec sobriété sur les parties plus foncées, de manière à laisser transparaître les teintes du fond.

22

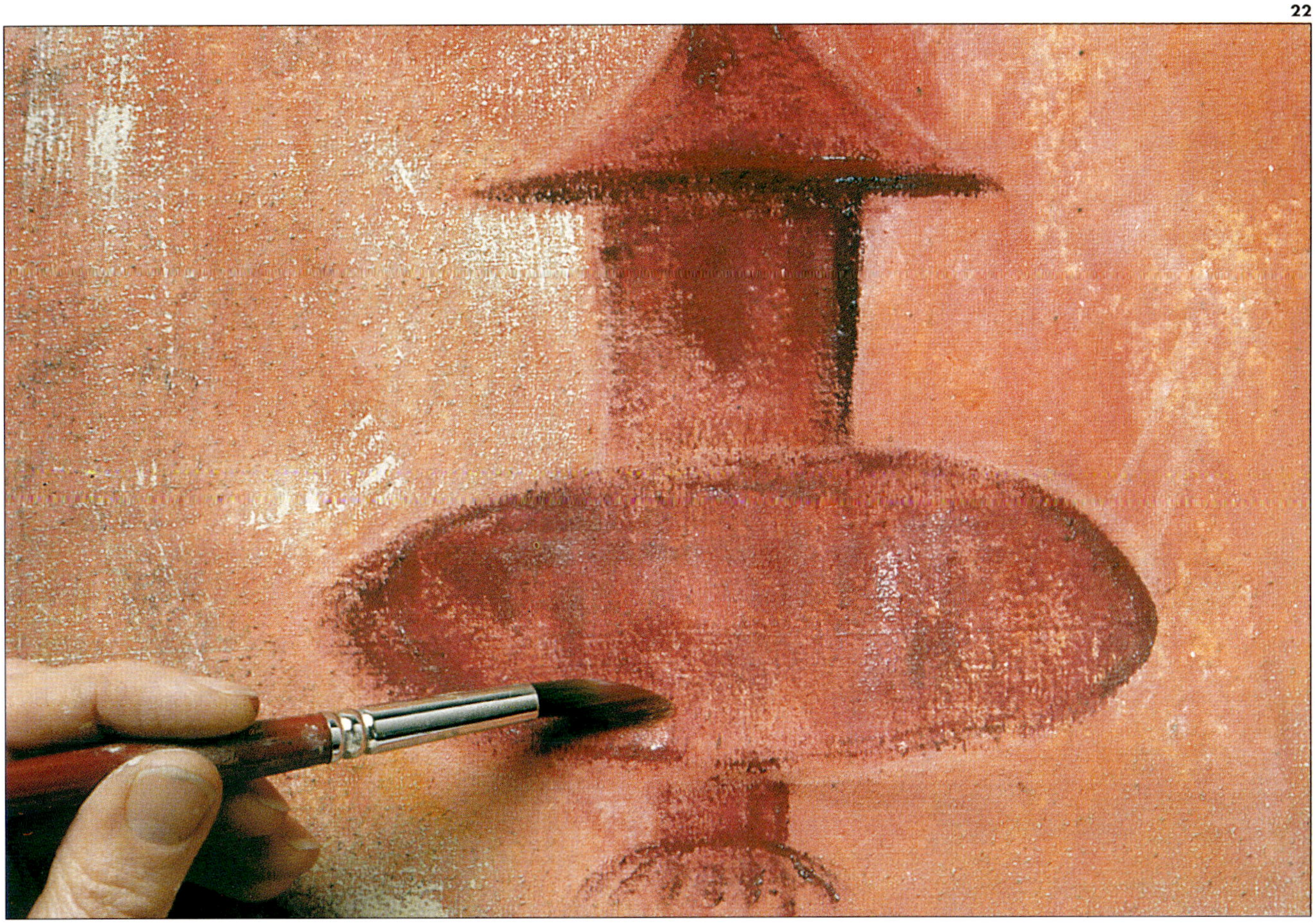

23

23 Lorsque le vase est terminé, revenez à la guirlande et éclaircissez ou foncez le fond autour, pour équilibrer la composition, en fonction de l'importance de la couleur du vase.

24 On peut ajouter de la texture pastel en superficie lorsque toute la pièce est sèche, en appliquant légèrement la tranche plate du crayon à la cire blanc. Les traits doivent être très légers sur la bourre. Enfin, repassez pendant cinq minutes sur l'envers, au fer chaud (thermostat coton) pour fixer.

25 Lorsqu'on utilise des colorants pour le fond et des pigments par-dessus, on peut créer des effets de matière et de transparence très étudiés, comme en peinture. En combinant des couleurs riches et intenses à la texture de la soie, et en employant des pigments qui se confondent avec le fond (colorant à l'alizarine et liant) ou qui colorent la surface et la foncent dans une certaine mesure (couleur à l'alizarine et blanc opaque), on peut créer des effets d'optique uniques qui eux, font le charme de la peinture sur soie. C'est à vous qu'il appartient de jouer avec la complicité de la matière et des produits.

Les modèles des panneaux décoratifs ont été choisis pour vous guider dans le travail des trois produits principaux, qu'ils soient employés seuls ou ensemble.

On peut en principe transférer toute ligne ou toute image sur la soie. Si vous avez suivi nos conseils, vous êtes désormais capable de voler de vos propres ailes.

Si vous n'aviez pas de petit carnet pour noter vos sujets d'inspiration, il est temps d'en acquérir un. L'inspiration peut surgir à tout moment, en observant le ciel, un vieux mur de briques, les fleurs du jardin, de vieux journaux déchirés ou lors d'un voyage à l'étranger.

Soyez toujours à l'affût de sujets et d'images intéressantes. En réalisant les travaux proposés dans cet ouvrage, vous avez acquis une certaine expérience même si vous n'êtes pas toujours satisfait de vos résultats ! Parfois, les erreurs sont plus formatrices qu'une réussite immédiate. Avec les conseils prodigués dans cet ouvrage, vous êtes bien outillé. À vos pinceaux et bonne chance !

24

Glossaire

Blonde
Couleur naturelle de la soie non teinte. Désigne aussi la dentelle légère au fuseau, faite à l'origine de soie écrue, au début du XIXe siècle.

Bombyx mori
Ver à soie élevé pour la majeure partie de la production de la soie à travers le monde.

Boudins
Bosses et nœuds provoquant des irrégularités dans les fils.

Chaîne
Ensemble des filés parallèles disposés dans le sens de la longueur d'un tissu.

Denier
Dans le commerce de la soie, poids de 0,05 g ; unité de finesse du fil et de la fibre.

Dévidage
Processus de déroulage des cocons pour produire la soie grège.

Doupion
Cocon refermant deux chrysalides, mâle et femelle ; de ce fait, le filament est entremêlé. Le fil et le tissu produits ont une texture irrégulière à cause de la présence de boudins.

Étouffage
Méthode employée pour tuer la chrysalide en exposant le cocon à la chaleur.

Fil
Filament utilisé pour coudre ; fabriqué durant le moulinage mais considéré comme une étape bien distincte à cause de l'équipement nécessaire pour le fabriquer. Chaque opération est effectuée avec soin, en particulier le bobinage, pour obtenir un fil régulier, sans nœuds.

Fil retors
Fil de soie fait d'un ou plusieurs brins tordus.

Filé
Fil de soie qui a été dévidé puis mouliné, employé pour le tissage.

Gaze
Tissu de soie transparent comme la mousseline fine, d'un lustre assez terne et possédant une texture grenue. La gaze, l'organdi, le voile et la grenadine sont des tissus légers et mats, faits de fils fins et retors espacés pour rendre le tissu transparent ; ils appartiennent au groupe des taffetas.

Habotai
(ou habutai). Soie légère, lisse et moelleuse provenant de Chine ou du Japon, utilisée pour les doublures de vêtements.

Moulinage
Opération mécanique entre le dévidage des longs filaments du *Bombyx mori* et le tissage. Le fil de soie est tordu délicatement à des degrés divers à gauche ou à droite. Chaque torsion est appelée un « tour » ; plus le nombre des tours est grand, plus le fil est résistant.

Sériciculture
Industrie concernant l'élevage des chenilles productrices de soie, ainsi que la culture du mûrier nécessaire pour leur nourriture, jusqu'à la production du cocon.

Séricine
Substance protéique qui enrobe la matière principale ou « fibroïne » d'un cocon, puis de la soie grège. Elle empêche une coloration uniforme et s'élimine par immersion de la soie grège dans une solution alcaline.

Soie filée
Fil composé de filaments cassés et plus courts ne pouvant être dévidés, qui doivent donc être torsadés ensemble comme le coton et la laine.

Soie gorge-de-pigeon
Tissu fabriqué avec des fils de chaîne et de trame de couleurs différentes pour lui donner des reflets changeants.

Soie grège
Soie telle qu'elle a été tirée du cocon ; elle contient encore sa substance naturelle, le « grès » ou séricine. Sans lustre, elle est pourtant la plus résistante dans cet état. La teinture ne pénètre pas uniformément dans la soie grège. Le grès s'élimine en plongeant le tissu dans une solution alcaline.

Soies sauvages
Soies tirées de cocons produits par des chenilles autres que le *Bombyx mori*, parmi lesquelles figure le tussor indien.

Taffetas
L'un des termes désignant un tissu de soie à armure unie, entrelaçant simplement un fil de chaîne et un fil de trame. Généralement brillant, mais pas aussi lustré que les satins, teint à l'état de fil, possédant un grain fin, il produit un « froufrou » caractéristique.

Torsion
Processus consistant à tordre ensemble deux ou plusieurs filaments pour former un fil tors.

Trame
Ensemble des filés passés au travers des fils de chaîne, dans le sens de la largeur, pour constituer un tissu.

Tussor (voir *Soies sauvages*)

Twill
Tissu de soie dans lequel le tissage produit un effet de côtes et de rainures en diagonales.

Matériel et produits

Armoiries

Blason bleu :

Taffetas écru 68 × 48 centimètres
Gutta incolore
Peinture pour serti noire en tube avec embout applicateur
Crayon à la cire noir pour tissus
Couleurs à l'alizarine ; bleu RT, jaune G et liant Bricoprint SF20
ou autres couleurs opaques pour tissus

Blason rouge et jaune à bordure bleue :

Taffetas blanc 68 × 48 centimètres
Peinture pour serti noire en tube avec embout applicateur
Crayon à la cire noir pour tissus
Enduit d'aquarelle pour tissus (par exemple « Aquarellgrund » Javana)
Pigments prêts à l'emploi de bonne transparence (par exemple rouge cerise n° 8194, bleu outremer n° 8195, jaune soleil intense n° 8122 *ou* jaune maïs 8192)

Blason jaune et rouge :

Doupion 68 × 48 centimètres
Colorants pour soie (par exemple jaune de chrome n° 2000, rubis n° 2005)
Manutex F *ou* épaississant prêt à l'emploi spécial pour colorants

Vitrail

Taffetas blanc 63 × 43 centimètres
Alizarine noire TT et liant Bricoprint SF20
ou peinture pour serti noire
Colorant pour soie (par exemple jaune de chrome Dupont n° 2000, rubis n° 2006, Côte d'Azur n° 2010, jaune canard n° 2009, noir concentré n° 2019)

Vase de fleurs

Doupion 45 × 35 centimètres
Colorant pour soie (par exemple noir concentré Dupont n° 2019)
Épaississant prêt à l'emploi *ou* Manutex F
Pigment prêt à l'emploi de bonne transparence (par exemple peinture pour soie Javana bleu outremer n° 8195, rouge cerise n° 8194, jaune soleil intense n° 8122 *ou* jaune maïs n° 8192).

Fleur de lys

Taffetas écru 1,5 × 0,9 mètre
Colorant pour soie (par exemple jaune canard Dupont n° 2009, Côte d'Azur n° 2010). Pâte pour pochoir de couleur dorée.

Motifs de la Renaissance

Tussor 120 × 60 centimètres
Feutres pour tissus (par exemple marqueur Javana marron n° 90608, noir n° 90618)
Crayon à la cire blanc pour tissus
Blanc opaque T Bricoprint
ou autre blanc opaque pour tissus
Couleurs à l'alizarine ; jaune G, rouge BT, marron RBT
ou autre produit opaque pour tissus

Panneau noir pompéien

Bourre de soie 90 × 90 centimètres
Gutta transparente
Pigments prêts à l'emploi de bonne transparence (par exemple peinture pour soie Javana turquoise n° 8113, bordeaux n° 8117, jaune soleil intense n° 8122, marron n° 8107)
Alizarine noire TT et liant Bricoprint SF20
ou peinture pour serti noire
Blanc opaque Bricoprint T
ou autre produit opaque pour tissus
Crayon à la cire noir pour tissus

Icône

Soie chevron 76 × 50 centimètres
Gutta incolore
Pigment prêt à l'emploi de bonne transparence (par exemple peinture pour soie Javana marron n° 8107, rouge cerise n° 8194, jaune soleil intense n° 8122 ou bleu outremer n° 8195)
Peinture pour serti (par exemple or clair Javana n° 814750, cuivre n° 813350)
Produit Image Maker Dylon Colorfun

Panneau rouge pompéien

Bourre de soie 76 × 60 centimètres
Gutta transparente
Colorant pour soie (par exemple rubis Dupont n° 2205, jaune de chrome n° 2000, jaune canard n° 2009, noir concentré n° 2019)
Couleurs à l'alizarine ; rouge BT, bleu RT, jaune G, marron RBT et liant Bricoprint SF20
ou autre produit opaque pour tissus
Blanc opaque Bricoprint T
ou autre blanc opaque pour tissus
Crayon à la cire blanc pour tissus
Gros sel (par exemple Deka Effektsalz)
Manutex F *ou* épaississant prêt à l'emploi pour colorants

Index